ÉTUDES

SUR

QUELQUES DÉTAILS D'ORGANISATION MILITAIRE

EN ALGERIE.

SAINT-CLOUD. — IMPRIMERIE DE BELIN-MANDAR.

ÉTUDES

SUR

QUELQUES DÉTAILS D'ORGANISATION MILITAIRE

EN ALGÉRIE.

« La topographie de l'Algérie est des plus difficiles sur une très-grande partie de sa surface ; elle est occupée par des populations bien plus nombreuses qu'on ne le croyait, et sans contredit les plus belliqueuses du monde. Dans ce peuple, tous les hommes sont guerriers depuis leur adolescence jusqu'à leur extrême vieillesse ; chacun pris individuellement est un homme de guerre redoutable. Il ne manque aux Arabes que cette force d'ensemble qui résulte de l'organisation, de la discipline et de la tactique. »

L'ALGÉRIE : *Des moyens de conserver et d'utiliser cette conquête*, par le général BUGEAUD (p. 23).

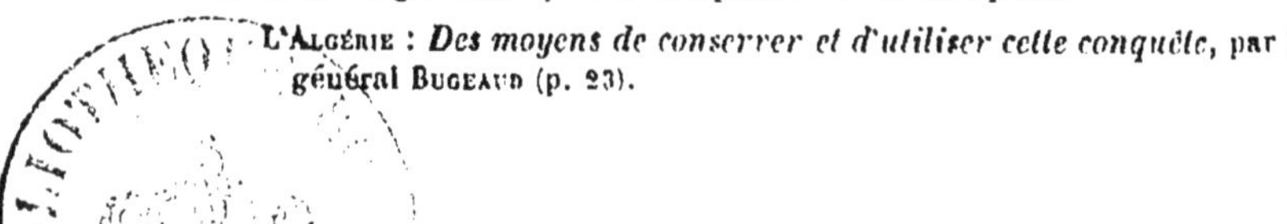

PARIS,

J. CORRÉARD, ÉDITEUR D'OUVRAGES MILITAIRES,

RUE DE TOURNON, N. 20.

1845.

ÉTUDES

SUR

QUELQUES DÉTAILS D'ORGANISATION MILITAIRE

EN ALGÉRIE.

« La topographie de l'Algérie est des plus difficiles sur une très-grande partie de sa surface; elle est occupée par des populations bien plus nombreuses qu'on ne le croyait, et sans contredit les plus belliqueuses du monde. Dans ce peuple, tous les hommes sont guerriers depuis leur adolescence jusqu'à leur extrême vieillesse; chacun pris individuellement est un homme de guerre redoutable. Il ne manque aux Arabes que cette force d'ensemble qui résulte de l'organisation, de la discipline et de la tactique. »

L'ALGÉRIE : *Des moyens de conserver et d'utiliser cette conquête*, par le général BUGEAUD (p. 23).

CHAPITRE PREMIER.

CONSIDÉRATIONS PRÉLIMINAIRES. — NATURE DU PEUPLE ALGÉRIEN.

Complétement ignoré de M. le général Bugeaud, sous les ordres duquel je n'ai point eu l'honneur de servir, je ne suis pas entraîné par une pensée de flatterie en allant puiser dans sa dernière publication le texte que j'ai choisi, que je mets ici en vedette, et dont je ferai la base de cet écrit.

Je me fonde sur l'une de ses paroles, parce que je la trouve exacte, prouvant beaucoup, menant droit au but que je crois le meilleur et que je me propose ici.

Du reste, en me rangeant à l'avis de M. le général Bugeaud sur un point capital, je n'entreprends ni de louer ni de blâmer les considérations sérieuses, toujours importantes, lumineuses souvent, parfois erronées, qu'il a réunies sous le titre de : L'ALGÉRIE : *Des moyens de conserver et d'utiliser cette conquête.*

Que d'autres, cédant à la passion de l'antagonisme, s'élancent, s'ils veulent, aux attaques et à la critique; qu'ils prétendent que l'œuvre est avant tout infidèle au titre; qu'au lieu d'offrir des moyens de conserver et d'utiliser, elle constate au contraire par des aveux, peut-être involontaires, mais fort concluants, l'immense difficulté, si ce n'est l'impossibilité totale, de garder et de mettre à profit cette terre sans cesse conquise et toujours à conquérir; qu'ils affirment qu'en définitive l'entreprise en est tarifée à un prix si énormément couteux, qu'on peut s'intimider devant la grandeur du sacrifice et y trouver des motifs de préférer l'abandon; qu'enfin ils proposent en échange leurs projets, tous fort beaux, si seulement ils étaient praticables; je ne les suivrai pas sur ce terrain. Je ne suis ni de l'un de ces camps, ni de l'autre : je combats comme le Breton, pour moi tout seul.

Je m'en tiens donc à la citation que j'ai adoptée pour épigraphe, et sur laquelle je prie les bons esprits de reposer leur attention la plus réfléchie :

« 1° La topographie de l'Algérie est des plus difficiles sur une très-grande partie de sa surface ;

« 2° Elle est occupée par des populations bien plus nombreuses qu'on ne le croyait,

« 3° Et sans contredit les plus belliqueuses du monde.

« 4° Dans ce peuple, tous les hommes sont guerriers depuis leur adolescence jusqu'à leur extrême vieillesse ; chacun pris individuellement est un homme de guerre redoutable, etc., etc. (1). »

Je conjure le lecteur de garder quelque courage, bien que ceci ressemble au début d'un sermon en quatre points.

---

(1) L'ALGÉRIE : *Des moyens de conserver et d'utiliser cette conquête*, par le général Bugeaud, p. 23.

II.

Ces vérités qu'énonce M. le Gouverneur général ne sont pas absolument neuves. Quelques autres intelligences lucides ou attentives les avaient peut-être bien entrevues déjà, avant qu'elles ne fussent professées par lui en termes si décisifs et si bien tranchés. S'il était permis de se citer, le rédacteur même de cette note, quoique des moins capables, mais parce que sa position l'avait appelé autant qu'un autre à recueillir des renseignements sur ce sujet, avait été saisi de l'évidence de quelques-uns de ces faits, et les avait pris bien ou mal pour point de départ de deux mémoires, qui ont eu précédemment l'honneur d'être soumis à M. le Ministre de la guerre.

Quoi qu'il en soit, de ce que ces vérités auraient déjà été témoignées par plus d'un confesseur, de ce qu'elles ont même été consacrées déjà par le sang de nombreux martyrs, en perdent-elles de leur valeur et de leur force incontestables ? Elles viennent de recevoir une nouvelle sanction de la bouche même de M. le Gouverneur général. Elles empruntent du livre remarquable où elles ont été écrites, de la haute position de l'auteur, un poids, un retentissement, une autorité que ma voix n'aurait pu leur donner. Il faut même reconnaître que, venant de cette source, elles possèdent en elles tout ce qu'il y a de persuasif dans les aveux défavorables à la cause que l'on plaide, au but vers lequel on tend ; car ce n'est pas, si je ne m'abuse, de ces quatre données que M. le général Bugeaud a déduit directement le premier et le dernier mot de sa publication, je veux dire la facilité des moyens de conserver et d'utiliser notre conquête.

Ces propositions offrent donc tous les caractères de validité. S'il fallait les entourer de plus de preuves, a-t-il été fait un seul pas en Algérie qui n'en produise d'abondantes ?

Je le demande à tous ceux qui se sont fatigués dans les sentiers de l'Afrique, qui ont gravi et enlevé, l'arme à la main, la cime de ses roches menaçantes ; qui sont descendus dans les profondeurs traîtresses et meurtrières de ses gorges, de ses ravins boisés, de ses défilés ; qui ont bataillé dans ses plaines, soit abandonnées à la stérilité, soit couvertes des plus fertiles moissons ; monté à l'assaut de ses villes fortes ; abordé, à la face de l'ennemi, sur ses côtes tempétueuses, ou touché de la vue et du pied au sable de son désert : je le demande à tous ceux surtout qui en pratiquant le pays ont pu pénétrer aussi dans l'intérieur de son peuple ; en évaluer la masse, toute disposée qu'elle est à se cacher à vous ; manier ses hommes, considérer leur caractère et leurs mœurs, étudier leurs habitudes et leurs penchants, éprouver la vigueur et l'agilité de leur corps, leur énergie, leur persévérance, leur audace. De tous ceux-là, seuls doctes sur l'affaire africaine, en est-il un qui se lève et qui vienne démentir ce que nous posons ? qui veuille dire que ce pays n'est pas des plus tourmentés, des plus âpres, des plus favorablement constitués pour la défense et pour toutes les ressources et les ruses de la lutte? que les populations qu'il nous cèle le plus qu'il peut, mais qu'il sait nous révéler en un instant dans un nombre inattendu, ne soient pas parmi les nations présentes aujourd'hui sur la face de la terre l'une des plus belliqueuses et par tempérament et par coutume, l'une des plus puissamment douées pour le combat? veut-on contester que le sang riche et coloré qui court dans les veines de cette race est peut-être le sang le plus bouillant, le plus tumultueux, le plus passionnément énergique que les races primitives aient transmis jusqu'à nous?

Si vous en doutez, je ne dis pas prenez un de vos pauvres, e ne descends pas jusque-là; mais seulement sortez l'un des fileurs de coton, un des remueurs de navette d'une de vos cités industrielles; apportez-le à côté de ce pasteur ou de ce laboureur algérien, mettez-les nus, comparez et prononcez.

Voulez-vous les prier d'agir, de travailler, de porter un fardeau, de courir au soleil; l'épreuve deviendra encore plus décisive.

M. le général Bugeaud a omis un trait dans le tableau que nous lui empruntons; il l'aurait rendu complet, s'il y avait fait figurer les conditions du climat et son action toute diverse sur les générations qu'il a vu éclore et sur celles qui lui sont étrangères. J'en pourrais parler ici, mais nous y reviendrons.

Quant aux limites d'âge entre lesquelles s'exercent ces hautes facultés guerrières, M. le Gouverneur général les a fixées avec exactitude. Les exemples en abondent, chaque tente les fournit. Pour ne citer que les noms les plus connus, contemplez la verte vieillesse du général Moustapha, qui ne compte ni les services qu'il rend, ni les années qu'il porte. A près de quatre-vingts ans (1), il est le premier à cheval et en descend le dernier, soutient toutes les fatigues mieux que les plus jeunes, et pousse toujours le plus en avant, soit à l'attaque, soit à la poursuite. Son intelligence est une des lumières de nos expéditions, et son dévouement un de nos plus fermes appuis.

Passez-vous à l'autre terme? enquérez-vous, dans la plaine de la Medjana, de la famille du vieux Sid Ahmed-el-Mokrani; demandez qu'on vous indique l'avant-dernier de ses fils, qui près de lui semble un arrière-petit-fils : on vous montrera le jeune Mohammed, un enfant de douze ans, à cheval, en armes, à la tête des cavaliers de son père. Il les a déjà maintes fois guidés depuis plus de trois années, et cela à travers tant de difficultés, sous des périls si incessants, dans une position si perpétuellement menacée, que pour que cette noble famille, considérablement déchue de sa grandeur, mais non de sa fermeté et de sa vaillance, existe encore, il a fallu de continuels prodiges d'habileté, de persévérance et

---

(1) Lui-même ne sait pas son âge d'une manière précise; mais il raconte que son père était à Alger lors du débarquement des Espagnols en 1775, et lui fit cadeau, en revenant, du premier cheval qu'il ait monté; il avait alors une dizaine d'années. En 1836, Abd-el-Kader lui écrivait : « Toi qui es presque octogénaire, reviens à la foi de tes pères, etc. »

d'audace. Mais ce qui la distingue encore plus particulièrement que tout le reste, c'est sa fidélité envers nous.

Je ne vous ai pas parlé du dernier des fils de Mokrani; c'est cet enfant de moins de quatre ans qu'un rude mentor à barbe blanche promène au galop sur le devant de sa selle, la petite tête abritée sous les pommeaux de ses pistolets, et auquel il désigne du doigt l'endroit où l'on se bat.

En Algérie l'enfant vient au monde entre les jambes des chevaux, au bruit des coups de fusil. Il est élevé, sous un ciel de feu, dans des alternatives continuelles, et plus que jamais depuis notre conquête, de combats, de succès, de défaites, d'attaques avec tous leurs hasards, de surprises de nuit, de fuites précipitées devant un ennemi supérieur. Singulier collége !

Si, d'une part, en considération de la vérité réelle et, de l'autre, de la parole affirmative de M. le Gouverneur général, on veut bien m'accorder comme admises les prémisses fondamentales que je viens de rappeler, nous partirons de la base qu'elles nous donnent afin de rechercher ce qu'il conviendrait de faire au sujet de ce pays et de ce peuple, pour son bien, s'il se peut, et pour l'intérêt de la France surtout.

Quoique notre but soit tout particulièrement militaire, nous serons forcés de toucher à des considérations qui n'en sont que voisines. En cette matière tout se tient et tout s'enchaîne.

CHAPITRE II.

ORIGINE ET CARACTÈRE DU SYSTÈME DE COLONISATION EN ALGÉRIE.

Nous venons d'entrevoir, sinon d'étudier à fond, quelles sont la nature et la trempe de cette nation, plus nombreuse de beaucoup qu'on ne le supposait. Jusqu'ici l'avons-nous fait entrer, pour quelque chose de plus que pour un obstacle, dans la considération des mesures à adopter vis-à-vis des douze mille lieues carrées de pays, c'est-à-dire d'un territoire égal à la moitié de la France, dont nous sommes en train de la déposséder ?

A cet égard nous nous sommes bornés à prendre tous nos conseils au milieu de nous-mêmes, comme pour une simple affaire intérieure de famille; comme s'il ne s'agissait que d'une ferme à bailler à un autre fermier. Il semblerait que chacun de nous s'est mis seulement à contempler autour de lui-même, en France, ce qu'il pouvait y voir de trop ou de pas assez. Suivant le caractère et la position, les uns ont aperçu de gros capitalistes qui seraient satisfaits de placer leurs fonds à de meilleurs deniers ; les autres, de grands agriculteurs qui, trouvant que la propriété se morcelle trop de ce côté de la Méditerranée, voudraient acquérir sur l'autre rive de plus vastes apanages à moindre prix ; tel, des commerçants malheureux ayant à rétablir leur rapide fortune, ou bien des prolétaires à tirer de leur rang, par esprit d'humanité, pour les jeter à de nouveaux hasards et très-probablement à de plus grands maux ; tel autre, des ouvriers sans travaux, des spéculateurs sans enjeu, des talents peut-être sans emploi ; tel enfin, des fournitures à entreprendre, ou même, quoique j'hésite à le croire, des bulletins à enregistrer et des grades à mériter. Chacun, pour le mal qu'il avait à guérir, inventa l'Algérie, et, comme Dieu quand il eut fait le monde, trouva que c'était une bonne chose. Sur de si sages pensées, toute la volée a voulu s'abattre sur l'Afrique.

Un dernier que j'honore entre tous remarqua une masse effrayante de pauvres, fort à charge au pays ; et il lui semble que l'Algérie serait pour cette plaie un égout facile, un exutoire heureux. S'ils y vivent, tant mieux ! — S'ils y meurent, ce qui est, hélas ! infiniment plus probable, tant pis ! — Je n'ose supposer qu'on veuille répondre une seconde fois : tant mieux ! quoique je trouve accolée de bien près à ce projet charitable l'expression inhumaine de RECRUTER POUR LA MORT.

Des populations filles de cette terre, et que sa fertilité nourrissait, je ne vois pas qu'en tout ceci on se soit encore beaucoup occupé.

Si le nombre en était moindre qu'il n'avait semblé présumable, ou s'il diminuait chaque jour, l'affaire serait de peu d'importance. Mais c'est tout l'opposé, de l'aveu des maîtres.

La puissance de nos combinaisons, à l'égard de l'Algérie, s'est élevée pour le moment jusqu'à cette hauteur ; le hasard, qui paraît les avoir dirigées, ne les a pas menées plus loin.

Des intérêts isolés en ont été la seule règle.

Le poids du peuple indigène tout entier n'est pas entré dans la balance.

La question capitale, la condition antérieure à toute autre du plus prompt accroissement de la puissance nationale, du profit le plus positif et le plus prochain de l'Etat, est pareillement oubliée.

Sur un plan si incomplétement étudié, et dans lequel les deux termes principaux du problème ont été négligés, cherchons quels sont les résultats produits ; prévoyons ceux que prépare cette théorie inexacte, dans laquelle la base et la clef de voûte sont omises.

CHAPITRE III.

RÉSULTATS PRATIQUES DE LA COLONISATION, TELS QU'ILS SE SONT PRODUITS JUSQU'A CE JOUR. — EXAMEN DE CEUX A VENIR.

En fait, nous avons facilité, excité la rapide invasion d'une arrière-garde de colons, que je désigne par ce nom, attendu qu'il est usuel, mais dont la masse se compose en général de tout autres éléments que de colons réels. Les pauvres familles qui avaient été appelées en vue de culture des terres, et qui eussent mérité à plus juste titre la qualification de colons, ont péri. S'il en a survécu quelques-uns, ils sont cabaretiers suivant les armées, et leurs filles ont été vouées à la débauche : métiers moins pénibles et plus lucratifs. La colonisation prise dans l'acception véritable en est là, à très-peu d'exceptions près.

Vous avez, dis-je, improvisé l'envahissement d'un peuple de trafiquants, d'acquéreurs de terrains, d'acheteurs de maisons, d'entrepreneurs d'affaires, de spéculateurs de toutes sortes ; les voilà après cette terre comme à la curée. Leur avide activité devance l'armée. L'Etat n'a pas encore résolu s'il prendra possession d'une ville, qu'elle est acquise déjà, maison par maison, déjà revendue et rachetée de nouveau : de même des terrains. D'ordinaire l'opération a lieu à rentes; elle n'en est que plus facile, plus élastique et plus commode. Si l'Arabe disparaît, s'il est entraîné dans les rangs ennemis, le bien reste et la dépense cesse. C'est donc tout profit que ce bandit s'éloigne.—Il en a été ainsi des propriétés du Sahel, ainsi des villes de la côte, ainsi de la Métidja, ainsi de Blida, et la même marche continue. On peut me répondre : Ce qu'ils en font c'est à leurs risques et périls — Non pas, c'est aux vôtres, gouvernement de France; car après vous avoir devancé on vous force la main. On n'a cessé de le faire.

M. le général Duvivier a dit quelque part (1) : « Cette vicinité des Français, naturellement si légers, si curieux, si inconséquents, si vifs, peu à peu fera émigrer tous les habitants, particulièrement les plus austères et les plus influents. »

M. le général Duvivier prophétise ainsi le passé; mais la colonie étant chose à ménager, il y met de la réserve.

L'âpre avidité de ces conquérants à la suite, l'étrangeté de leurs mœurs, de leurs coutumes, de leurs vêtements, de leur langage; et pour le dire avec M. le Général, mais en termes moins retenus, leur pétulance tracassière dans toutes les relations de voisinage ou de commerce, leur imprudente curiosité, leur indiscrète et impitoyable raillerie sur tout ce qui tient au mystère de la vie intérieure musulmane, aux femmes, aux prescriptions de la loi religieuse;

---

(1) ALGÉRIE : *Quatorze observations, etc.*, p. 72.

très-habituellement leur disposition à traiter les Arabes du fort au faible, de maître à valet; toujours la dépossession des biens fonciers et le très-rapide enchérissement des denrées dont ils provoquent l'élévation avec une folle étourderie; toutes ces causes, et nous ne précisons que les principales, chassent promptement au loin les populations originelles. Le vide, sauf ces fourmis remuantes et accapareuses, se fait autour de vous. Leur majeure partie vit de l'armée; l'autre mange ses ressources et escompte l'avenir.

Tel est l'état actuel; et tant que votre voie ne se détournera pas de cette ornière, il en sera ainsi. Il faut vous y résigner comme à un fait inévitable. Les colons, comme on les appelle, et la population arabe, surtout celle des champs, ne pourront s'intercaler et se mélanger que dans très-longtemps. Leur contact est trop irritant, leurs frottements trop offensifs; l'invasion des uns est trop violente, la répulsion des autres trop profonde.

Tout ce qui se passe là est légitime: je l'admets. C'est le droit de la conquête: je le veux bien; les lois de la guerre sont d'ailleurs un code trop mal fixé pour qu'on sache au juste ou s'arrête leur latitude.—Je demande seulement si une telle marche, ainsi abandonnée à son propre mouvement, sans régulateur et sans limites déterminées, est la plus sage; si elle est politique. Je vous demande de prévoir, en fin de thèse, à quelle issue cela vous conduit.

Vous ne me paraissez préoccupés que de la possession matérielle du terrain. L'accession et la conservation sous votre autorité des habitants qui le couvraient et le fertilisaient ne sont pas votre souci.

Qu'arrive-t-il cependant ? Ces populations fugitives quelqu'un, le chef de vos opposants (et si ce n'était lui, ce serait la pensée nationale dont son nom n'est que l'emblème), les recueille avec grand zèle, les agglomère, en fait son peuple et vous les oppose. Maintes fois déjà ce chef, qui n'est que trop habile, trouvant sans doute que vous ne marchiez pas assez vite dans vos fautes à son profit, s'est appliqué, soit par des ordres et des suggestions, soit par son action directe, à forcer les populations encloses dans vos limites ou voisines d'elles à interner dans la profondeur du pays. Il possède pour l'agglomération de la grande famille indigène hors de notre puissance la tendance que nous éprouvons, nous, pour l'accaparement du territoire inerte (1).

Ce qu'il y a de singulier, c'est que les deux adversaires paraissent ainsi travailler chacun à servir l'autre selon son gré. Reste à savoir qui des deux se montre le plus prévoyant.

Retirées de nos lignes, ces populations se concentrent au delà ; nos marches, nos accroissements nous les font retrouver bientôt, plus ruinées, plus malheureuses, non moins aguerries. Il faut de nouveau les combattre. Ce ne sont, je le sais, que des succès de plus à inscrire : grâce à la force croissante de l'armée d'occupation, vous n'avez pas jus-

---

(1) « Ses constants efforts, dit M. le général Bugeaud, ont toujours tendu à nous séparer de la population arabe. » (L'ALGÉRIE : *Des moyens de conserver et d'utiliser cette conquête*, p. 109).

qu'ici éprouvé de grandes difficultés à refouler incessamment ces multitudes.

— J'entends la désapprobation me crier : « Ils sont seuls coupables de ces maux ; que ne se soumettent-ils? »

— Je réponds : Certaines tribus ou certaines portions de tribus s'éloignent ; certaines tribus ou certaines portions de tribus se soumettent ; chaque bulletin nous en instruit. Je n'examine pas si ces soumissions sont bien réelles et bien durables ; je veux les croire telles, et la plupart le sont intentionnellement. Ils se soumettent donc ; mais la vague envahissante arrive, les atteint, les effarouche, leur fait perdre pied ou les dépossède, et les rejette.

La même opération recommence sur une nouvelle zone.

Voilà ce qui n'a cessé d'avoir lieu depuis le faubourg Bab-Azoun (si nous ne considérons qu'Alger) jusque et y compris Belida, jusques et y compris les banlieues de Médeah et de Milianah.

Ce vide, quant aux naturels, qui s'élargit ainsi devant vos progrès ; cette solitude que vous étendez de la sorte autour de vous s'est plus d'une fois appelée la sécurité, et même la paix : je m'en souviens bien. Que les terres par là délaissées en votre pleine puissance soient dans un état de culture bien prospère, je suis contraint à déclarer que non, sauf de minimes exceptions. Le fussent-elles, il n'en faudrait pas moins réfléchir au fait qui se produit au delà de cet espace dépeuplé d'indigènes, au delà de cette contrée que nous décorons du beau nom de territoire conquis, et qui mériterait mieux celui de pays désolé.

Dès la fin de l'année 1837, M. le maréchal Valée, alors gouverneur général, dont l'esprit profond et ingénieux s'inquiétait justement de cet abandon du sol, ordonna à un capitaine de zouaves de recueillir et de lui soumettre des renseignements à ce sujet pour une partie du Sahel. L'état de choses que ces renseignements signalèrent (1) était déjà extrêmement fâcheux à cette époque ; depuis il n'a cessé de s'étendre et de s'aggraver considérablement.

C'est par cette dépopulation, par ces émigrations constantes, qui quelquefois ont lieu individuellement et souvent en masse, telles que celles de tribus que nous avons entendues passer de nuit sous les retranchements de Mah-el-Ma ; c'est par ce refoulement successif que les peuplades au delà de vos limites actuelles se grossissent et se multiplient, et que vous êtes, Monsieur le Gouverneur général, tout étonné de les trouver si nombreuses.

Elles fuient devant vous, je le sais ; et c'est là le mal. Jusqu'où les mènerez-vous ? Qu'y a-t-il au delà de ces cinquante à soixante lieues de profondeur qui sont presque totalement conquises, ainsi que nous en recevons chaque jour l'assurance, et qui, ne le fussent-elles pas, doivent le devenir bientôt? Car, au point où nous en sommes, il ne peut plus y avoir de demi-domination : il faut que l'Algérie nous rejette

---

(1) Ces renseignements, déjà vieux de cinq ans, se trouveront annexés à la fin de cet écrit; les lecteurs qui voudraient édifier complétement leur opinion sur ce sujet sont invités à les consulter, en se rappelant à quelle date ils remontent.

de son sein, ou qu'elle soit intégralement soumise à notre loi. Il n'est plus temps d'y chercher de terme moyen (1). — Y a-t-il, au delà de ce territoire, quelque lieu de refuge, une terre vacante et, sinon également heureuse et fertile, au moins habitable? Y a-t-il des solitudes qui acceptent le pied des hommes, et où ces millions d'exilés, ayant déjà perdu la majeure partie de leurs biens et de leurs troupeaux, puissent au moins aller se cacher et vivre? — Il n'y en a point. Au delà, quoi qu'en dise un auteur (2), qui possède l'heureuse faculté de métamorphoser selon sa commodité la nature propre des choses; au-delà, c'est le désert; c'est le sable sans eau et sans culture possible. Déjà, sur cette frontière, dans la région qui offre le caractère de transition, Biscara et le pays des Lorouates ne sont que d'étroites oasis qui ne suffisent point à nourrir leurs enfants; et les Saharis et les gens du Djerid ne possèdent qu'une terre aride, que des

---

(1) « La France a fait sagement, puisqu'elle était décidée à s'établir en Algérie, de se déterminer enfin à la conquérir. L'œuvre est difficile sans doute; mais il serait plus difficile encore d'en garder, sur la défensive, une portion quelconque autour des places du littoral: car on laisserait ainsi à l'ennemi la jouissance de tout le pays, c'est-à-dire l'impôt et le recrutement; ce qui lui permettrait de nous tenir en état de blocus par une hostilité continuelle et de nous attaquer d'une manière sérieuse dès qu'il nous verrait des embarras en Europe, ou bien lorsque le temps l'aurait rendu assez fort. — La conquête est moins difficile que cette défensive honteuse, etc. » (L'ALGÉRIE : *Des moyens de conserver et d'utiliser cette conquête*, par M. le général Bugeaud, p. 6.)

(2) ALGÉRIE : *Quatorze observations, etc.*, par M. le général Duvivier, p. 70.

palmiers et des troupeaux de moutons. Ils sont dans l'obligation absolue de venir se pourvoir de grains, à des époques régulières, dans les terres à blé de l'Algérie, en échange de leurs dattes et de leurs laines. Chaque année voit ainsi leurs bandes formidables accourir et s'approvisionner, soit par le commerce, soit par le brigandage, et d'ordinaire par tous deux.

Cette zone de transition n'en est pas moins destinée prochainement, à moins de désastres dont Dieu nous garde ! à entrer aussi dans les confins de la terre de France : par mille motifs elle n'y peut échapper.

Après ce pays limitrophe et déjà insuffisant pour la vie de l'homme, qu'y a-t-il ? — Rien.

Lorsque l'on se sert nonchalamment de cette expression si usitée qu'il faut en finir et refouler les Arabes dans le désert, c'est de ce gouffre que l'on parle.

Tel est cependant le préambule obligé d'un système général de colonisation par des mains françaises ou européennes ; c'est le remplacement d'un peuple par un autre, à moins que ce n'en soit le mélange.

Or, prétendre que l'espèce colonisante et l'espèce dépossédée pourront cohabiter sur les mêmes champs et y vivre en égales, en amies et en sœurs, c'est répudier l'expérience du passé et s'aveugler profondément sur l'avenir.

Admettre que la seconde, à titre de sujet conquis, deviendra le féal serviteur de l'autre et son animal de fatigue, c'est atteindre l'extrême limite de l'erreur : une sorte d'organisation féodale par notre moyen comme tenanciers et à l'aide de vassaux indigènes, liés au sillon, affectés à la peine, bétail de labeur, est de toutes les choses impraticables en Algérie la plus impossible. Vous n'y plierez pas les Arabes, tinssiez-vous chacun d'eux dans les fers. Pour être amenés au vasselage, ils sont trop fiers (M. le Gouverneur général vous le dit à toutes ses pages (1) et avec grande raison), trop intelligents, trop belliqueux, et en outre trop mobiles et trop passionnés, trop résolument libres ou soldats ; de plus ils ne sont pas assez enclins, je vous l'avouerai, à reconnaître la supériorité, soit physique, soit intellectuelle, du genre de seigneurs que nous pouvons fournir par nos migrations.

Telles que je connais l'une et l'autre de ces plèbes, j'affirme qu'elles ne parviendront à s'allier, et seulement sur le pied d'une entière égalité, et à sympathiser que par le long cours des années et par un très-lent apprivoisement ; que toute marche soudaine et improvisée, toute impulsion saccadée vers ce but porterait en elle-même les germes les plus actifs d'une désunion violente, d'une irritation durable et peut-être d'une perpétuelle hostilité.

Plus les progrès de la colonisation, telle que vous l'entendez, sont lents, faibles, chancelants, impuissants, moins le mal que je viens de signaler sera aigu et apparent ; mais

---

(1) L'ALGÉRIE : *Des moyens de conserver et d'utiliser cette conquête* (passim).

aussi dans ce cas la guerre s'éternise, et l'Etat se ruine dans l'attente d'avantages toujours nuls. Plus la marche de la colonisation, ainsi qu'on paraît l'invoquer, serait rapide, large, énergique, plus les dangers que j'en pressens seraient funestes. Vous verriez bien des fois se reproduire le spectacle dont l'année 1839, notable époque de croissance coloniale, vous a offert une première scène.

Il n'y a, et il ne peut y avoir que désappointements, collisions, insurrections et désastres au bout de tous ces rêves.

Eh bien donc, restant au point de vue de la colonisation prompte et étendue, si le mélange et la fusion sont prochainement impossibles, nous revenons de nécessité au remplacement intégral d'un peuple par l'autre.

Nous sommes enfermés dans ce cercle.

Et en effet l'amorce de la colonisation, dans l'état de notre population et dans les conditions de notre existence actuelle, ne peut être que la soif d'acquérir vite et largement. Il lui faut, pour la satisfaire, le terrain libre et qui plus est gardé. Ce qu'elle en pourra faire ensuite, je ne le sais pas; mais l'armée, à son gré, n'en chasse pas assez rapidement l'ancien peuple.

Et moi, je vous demande jusqu'où vous le conduirez.

Je vous dis qu'au delà de cette contrée de cinquante lieues de large environ, que la supériorité de vos armes est sur le point de faire toute vôtre, il n'y a pas d'autre refuge que le vide, la soif et la mort. Je vous dis que ce peuple, à mesure que vous vous en débarrassez en arrière de vos épaules, s'amasse en avant de vous; qu'à mesure que vous avancez, vous le resserrez entre vos armes jusqu'ici victorieuses et cette limite sans issue; qu'entre ces deux barrières il s'agglomère et se condense, et ne peut puiser dans cette concentration que plus d'ensemble, d'énergie et de facilité à l'attaque; que la ruine et la pauvreté qui pèseront sur lui, le souvenir des terres qu'il a délaissées, la perte des nombreux troupeaux pris dans les razzias ou expirés de fatigues le long des routes, pourront bien animer son irritation, mais non lui enlever cette bravoure que vous lui reconnaissez. Il n'est tel que d'être dénué de biens pour se sentir dispos à la guerre. La poursuite n'est point encore arrivée à son terme; la lisière qui lui reste est encore bien large, et déjà son épaisse multitude vous paraît remarquable (1). Son courage ne vous est pas douteux; croyez-moi, ne lui préparez point les chances salutaires que fournissent les positions désespérées.

Il nous semble avoir établi, par ce qui précède, que l'expression fort usuelle de rejeter les Arabes dans le désert est à la fois, et le prologue indispensable du drame de la colonisation dans toute son amplitude, et un mot ou vide de sens

---

(1) M. le Gouverneur général a été si frappé de ce fait, qu'il y revient très-fréquemment, soit en plusieurs passages de sa brochure *sur les moyens de conserver, etc.*, soit dans toutes ses lettres publiées, soit en dernier lieu dans le bulletin en date du 13 décembre 1842, sur les opérations de l'Ouarenseris.

ou ne signifiant, sous une forme plus ménagée, que LA DESTRUCTION DE LA FAMILLE ALGÉRIENNE.

Parlons-nous nettement? Ces mots plus précis ne vous épouvantent-ils pas à prononcer? S'agit-il franchement de l'extermination d'un peuple? Je doute que la France veuille, ni qu'elle puisse l'accomplir; ni qu'en résultat elle y trouvât son avantage.

Qu'elle le veuille : — Sommes-nous à une époque où l'on ne sache se maintenir dans un pays que par l'extinction totale des peuples qui l'habitent? Sommes-nous à ces temps de farouche et de violente énergie où de telles résolutions osent être adoptées et menées à fin? De tous les peuples de la terre, certes s'il en est un à qui répugne la cruauté c'est le nôtre. L'ensemble des populations algériennes n'eût-il qu'une seule tête, j'hésite à croire que la France, pays où les crimes même les plus odieux et les plus lâches trouvent devant les juges des atténuations, se décidât à la faire tomber.

Qu'elle le puisse : — Mais les têtes sont multiples; et si la volonté ne nous manquait pas, je doute que la facilité s'y trouvât. Vous-mêmes vous avouez que cette population n'est pas saisissable pour vous. Je diffère, il est vrai, de votre avis; selon moi, elle est saisissable, mais non par vos moyens; et les miens ne sont point applicables à son massacre. J'ai peine à me persuader surtout que vous parveniez jamais à l'anéantir, lorsque je me souviens qu'il a fallu une espèce de croisade, toutes les fureurs fanatiques qui s'allient à ce mot funèbre, et vingt et une années, pour détruire les Albigeois, au sein de la France, dans les Cévennes.

Enfin, oubliant l'horreur, mettant de côté la difficulté, supposons que vous avez effacé ce peuple, sans vous être écrié aussitôt, avec le chœur de tous les assassins : Qu'ai-je fait !

Je cherche ce que vous y aurez gagné. Je ne veux considérer que le seul profit, et je ne le trouve même pas.

Certes, s'il se pouvait que cette nation que nous venons de faire disparaître par la pensée n'eût été, de son vivant, qu'un ramas de lâches, d'infirmes, de gourmands et de paresseux, et que nous eussions dans la main un autre peuple à lui substituer, égal en nombre et bien approprié au climat, du reste plus valeureux, mieux taillé en muscles, plus sobre et plus travailleur, nous aurions, au point de vue du profit, grandement raison d'avoir supprimé la vieille race pourrie de préférence à la soumettre, et de poser la jeune en sa place. La conscience humaine parlerait ou se tairait, mais le troc serait avantageux. — Malheureusement je ne puis, en vérité, accorder qu'il en soit ainsi.

Déjà nous nous sommes éclairés sur la première moitié de cette hypothèse ; examinons la seconde.

Je regarde et n'aperçois pas, parmi nous, l'exorbitante surabondance de femelles fécondes et de mâles endurcis qu'il faudrait pour peupler sans délais ce nouvel empire égal à la moitié de la France, et pour combler incessamment les vides de la maladie et de la mort.

Où est cet énorme excès de populations énergiques qui puissent venir, méprisant l'action dévorante du climat, poser une infatigable main sur le manche de la charrue, pour maintenir en culture ces immenses domaines. Car si vous les délaissez, autant ne les pas avoir. Les enfants abâtardis de nos villes, et même nos plus robustes paysans sont hors d'état de soutenir les travaux de la grande agriculture sous ce ciel embrasé. A peine ceux qui en ont fait l'essai peuvent-ils s'occuper de quelques pâturages, de quelques récoltes de foin, qu'ils livrent même aux mains nécessiteuses ou passivement obéissantes de nos soldats, et Dieu sait ce que l'hôpital en accueille après la fenaison. Ne nous abusons point, les forces de l'homme du Nord, en Algérie, ne vont guère que jusqu'au jardinage à proximité des villes; là même la plupart des maraîchers qui réussissent le mieux sont des Mahonnais ou des Espagnols de la Huerta de Valence, à demi Africains par le climat, et chez lesquels, tout bons chrétiens que je veuille les admettre, le sang des Maures pourrait bien avoir laissé quelques traces d'un croisement favorable.

Mais ce n'est pas de cette horticulture qu'il s'agit; il s'agit des collines, des vallées, des vastes plaines, toutes terres à céréales qui forment la majeure partie de la surface algérienne. Que pouvons-nous pour elles? Comparativement au peuple algérien, nos bras affaiblis sont réellement impuissants sous ce climat aux grands travaux agricoles. Vainement nous avons supposé ce sol dénué d'ennemis; malgré nous il en reste un que nous ne pouvons détruire, et la colonisation franque qui entreprendrait la mise en valeur et en produits ne saurait récolter dans ces champs que la ruine, les fièvres et le deuil.

Résumons. Nous n'avons pour la grande et véritable agriculture rien d'équivalent à substituer au peuple que nous aurions fait disparaître; l'effacer n'est pas aisé, et un tel projet n'entre pas dans nos mœurs.

Tels sont pourtant les préliminaires indispensables d'une colonisation, par les bras européens, sur une grande échelle.

Si vous n'effacez pas le peuple autochtone, la lutte subsiste; et plus croyant progresser vous la poussez loin, plus elle prend de corps, nourrit de rancunes, acquiert d'unité, exige de forces; plus elle devient formidable et menaçante. C'est ainsi que l'armée d'occupation a dû s'élever d'année en année, et toujours par le succès, de 17,000 à 80,000 hommes, et que nous n'en resterons pas là.

La présence simultanée, sur le même sol, de l'Arabe cultivateur et des Européens colons ne pourra être obtenue que par des ménagements très-habiles et par des progrès d'une extrême lenteur. Si vous essayez de les hâter, vous l'empêcherez pour toujours. Ce sont plus que deux industries rivales; ce sont deux pôles antipathiques qui se repoussent avec la plus violente énergie.

Je ne voudrais pas être accusé d'avoir chargé ce tableau; je l'ai tracé tel que je le vois, en homme qui cherche à bien voir : c'est sous cet aspect que m'apparaît un système général de colonisation européenne dans son plus grand développement, à son point de perfection, si ce mot peut être appliqué au succès d'une erreur.

— Nous ne la voulons pas si large. — Il se peut; mais dites-moi quelles bornes lui ont été fixées. J'entends avec regret les orateurs les plus persuasifs et certes les mieux intentionnés l'invoquer, à son maximum de puissance, comme le seul dédommagement des immenses sacrifices auxquels ils se résignent au nom du pays.

Les organes les plus éloquents de la presse consacrent aussi leur influence à prêcher la même hérésie.

J'entends surtout avec douleur, retentir du haut du gouvernement général de l'Algérie une voix qui fait le plus puissant appel aux grands capitalistes, aux grands et aux petits cultivateurs, aux artisans, aux journaliers, aux industriels, aux faibles et aux riches, enfin à tous les genres de colonisations, soit civile, soit militaire, et qui réclame en même temps l'appui d'un déploiement de forces nationales démesurément coûteux, tant en hommes qu'en écus. Je l'entends avec une douleur profonde, parce que celui qui laisse échapper ces excitations imprudentes n'est pourtant pas de ceux qui ignorent combien le sang et la fortune de la France sont précieux, et avec quelle avare économie il convient de les dépenser. La peine que j'en ressens tient principalement à ce que celui qui sonne ainsi la convocation et l'assemblée générale des colons est mieux placé qu'aucun autre pour juger des désavantages et des dangers que leur affluence préparerait. Quoique bien digne assurément de tenir tête à l'erreur générale, et ayant montré plus d'une fois ce courage, il cède ainsi, sans le vouloir sans doute et sans le savoir peut-être, aux nécessités de sa position, à cette tyrannie de la vogue et de la mode, dont il est toujours si difficile de s'affranchir, et plus que partout ailleurs dans la pratique des affaires, qui devrait cependant en rester si pure.

Est-ce à dire qu'il faut se poser en adversaire absolu de la colonisation franque? je ne vais pas si loin : je la reconnais apte à de certaines parties de l'exploitation algérienne. Le négoce sous toutes ses formes lui convient; elle est propre au jardinage près des eaux et sous l'abri de haies épaisses, à une culture plus savante des fleurs, à l'amélioration des espèces fruitières, à des procédés plus soigneux et plus délicats de l'extraction des huiles, à l'extension de la culture du mûrier et de la récolte de la soie; peut-être sur quelques points, mais plus tard et avec une adroite timidité, à la création même des manufactures pour lesquelles le bas prix de la main d'œuvre arabe, si on ne la met point follement à l'enchère comme on a fait déjà, pourrait fournir certaines facilités. Mais hors de là la colonisation franque est bonne à peu de chose, par comparaison au peuple indigène.

Pas plus qu'il n'est possible de tirer parti de nos colonies des Antilles et d'y faire prospérer les cultures intertropicales sans le travail des noirs, pas plus il ne faut compter sur une exploitation facile et fructueuse des provinces africaines, à l'avantage de la métropole, sans le labeur des indigènes algériens.

J'ai déjà expliqué comment le concours de ces populations est incompatible avec la présence et les empiétements sans fin de la colonisation. Selon le dire des Arabes, c'est l'huile sur l'eau (ils se considèrent eux, comme l'huile, et nous pouvons, nous, avoir la même prétention); vous les secouez ensemble pour les mêler, elles se séparent.

C'est par ces considérations que je voudrais voir fixer à

l'action des émigrations colonisantes des limites sages dans lesquelles elle serait tenue de se renfermer, sans que la bride lui fût rendue sur tout le pays. Les achats ou les concessions de terres au delà de ce cercle, l'autorisation même de le dépasser d'une manière permanente, ne devraient être accordés que par de rares exceptions, avec une prudente réserve, sur un examen attentif et pour des titres bien suffisants.

Le mal n'a-t-il point fait d'assez larges progrès?

Les zones déjà dépeuplées d'enfants du sol par le voisinage ou l'action de la colonie sont assez vastes il me semble. Pour prendre exemple sur Alger, son massif, le Bouzarea, tout le Sahel, la Metidja entière (en passant par Coléah, l'extrémité ouest de la plaine et Blida jusqu'au cours du Boudouaou), vous offrent cent quarante lieues carrées d'excellentes terres.

Que la puissance colonisante, si vous la possédez véritablement, se répande et s'exerce dans ce rayon; qu'elle remette en labour et en valeur ces surfaces que j'ai vues couvertes des plus belles moissons du monde, ma mémoire ne l'a point oublié; à l'œuvre nous reconnaîtrons sa force : et s'il lui reste, après l'épreuve, de la puissance à déployer au delà, un nouvel espace pourra lui être concédé. Si au contraire, comme je le crains, plus capable d'engouement que d'énergie, elle échoue dans cette entreprise, sa mesure est obtenue.

Qu'on ne vienne pas se plaindre que quelques parties de

ce territoire réservé sont malsaines. Cette contrée est insalubre comme l'ensemble des terres cultivables de l'Algérie, et moins que beaucoup d'autres; partout elles sont dangereuses pour les constitutions molles de l'Europe ; plus vous irez au sud, et plus vous l'éprouverez. Vous n'êtes pas son peuple; vous n'êtes point ses fils.

Ce cercle, livré à tous vos efforts, serait couvert pour première égide par les troupes d'occupation, si dévouées et si braves. Assises par masses convenables sur les points les mieux choisis, elles ne devraient plus être livrées aux extrêmes fatigues des longues expéditions qu'avec une avare parcimonie, et seulement pour les actions importantes. L'armée nationale ainsi ménagée, ainsi adossée à votre peuple naissant, qui est son frère, en emploiera les produits, lui livrera sa solde et en recevra avec facilité tous les objets de ses besoins. M. le général Bugeaud l'a exprimé avec justesse : ces deux parts de vos moyens de possession sont dans une connexion intime et indispensable ; il n'est guère possible de les éloigner l'une de l'autre.

Le bouclier tutélaire dont je parle, selon que l'œuvre avancera, pourrait être poussé plus loin ; mais seulement, à la façon du bouclier du Tunnel, lorsque le travail aura été accompli et solidifié jusqu'à lui : aller plus vite c'est tout péril.

En avant de cette première ligne de défense, et se conformant, s'il y a lieu, à son progrès, j'en voudrais une autre, infiniment moins ménagée, aussi vigilante, beaucoup plus mobile, n'ayant que des besoins beaucoup plus restreints, et présentant le caractère de transition et même d'affiliation avec votre peuple arabe, qu'il vous faut régir aussi ; car il est, à mes yeux, la part la plus précieuse, la plus utile et de beaucoup la plus fructueuse de toute votre conquête.

Les recherches relatives à l'organisation de ces moyens de défense avancée et d'action directe sur le peuple conquis sont le but principal de ces notes.

CHAPITRE IV.

OBJECTIONS. — EXCEPTION.

Si l'on m'oppose que j'apporte ainsi une entrave à la colonisation et que je me défie d'elle, je l'avoue; mais je réponds que si vous levez cette entrave, vous accroissez les difficultés dans une proportion démesurée. Vous êtes fort loin d'être encore arrivé au terme, et cependant l'effort semble déjà peser à mon pays. Faut-il nous montrer plus touchés des intérêts d'une colonisation à naître que de l'intérêt général de la France, que de la force et de la richesse nationales engagées dans ce conflit?

M'objectera-t-on que les grandes difficultés que je présage, et qu'il est permis aux esprits légers de trouver exagérées, sont la loi inévitable de notre conquête; qu'elles sont la condition inséparable de notre prise de possession; qu'à ce prix seul, tout coûteux qu'il soit, nous pouvons en tirer profit et nous impatroniser fermement? — Rien de tout cela n'est vrai.

En effet j'ai pris ici particulièrement pour exemple ce qui a eu lieu en avant d'Oran et d'Alger. Dans la première de ces provinces, la retraite des indigènes a été provoquée plus directement par l'influence, les intrigues et les actes mêmes d'Abd-el-Kader, durant les deux années de paix que nous lui avons laissées; dans l'autre, elle s'est aussi ressentie de ses efforts, mais elle a été plus spécialement l'effet des empiétements tumultueux, sans règle, comme sans résultats véritablement profitables, d'une colonisation remuante, impatiente, irritante et cupide. Pour toutes deux, elle a été, à mon sens, un mal déplorable.

Mais il est une autre province dont je ne vous ai pas encore parlé, que la sagesse d'un gouverneur général a préservée de ces envahissements trop hâtifs. Là tout a été comparativement très-facile. Là les populations, seules vraies ouvrières sur ce sol, se sont soumises et sont restées; elles cultivent et sèment; pas un champ qui était en guéret n'est retrourné en friche; bon nombre de ceux qui depuis longtemps n'étaient pas cultivés le sont devenus; tout ce pays, quoique d'une forme plus variée, offre sur ce point l'aspect d'une véritable Beauce; quatre cavaliers, auxquels tout Français peut se joindre s'il veut, traversent paisiblement toute son étendue; ses habitants n'ont pas perdu dans les razzias ou sous les fatigues de la fuite les deux tiers de leurs troupeaux (1), qui sont et vos

---

(1) « Dans la rude guerre que nous leur avons faite, les tribus, incessamment traquées par nos colonnes, ont perdu dans les ghazzias, par la faim et les fatigues, les deux tiers de leurs bestiaux, etc. » (L'ALGÉRIE : *Des moyens de conserver et d'utiliser, etc.*, par M. le général Bugeaud, p. 8). Dans un autre passage du même écrit, M. le

garanties et la base d'une part de vos revenus, soit présents soit à venir; ils obéissent à des chefs, à des autorités de votre choix, sans examiner si ces choix ont été les meilleurs possible; ils acquittent les redevances et les contributions, tant en nature qu'en argent : si la rentrée n'en est pas encore aussi complète qu'il le faudrait, ce n'est pas leur résistance qu'il faut en accuser, c'est que vous percevez mal ces revenus, ou plutôt vous ne vous êtes pas encore créé, dans une proportion suffisante, l'instrument le plus indispensable pour les bien percevoir : j'expliquerai cela.

« Seule entre les trois provinces, celle de Constantine a commencé à donner des revenus exclusivement perçus sur les Arabes, dit M. le général Bugeaud (1), » et certes ces impôts, là de plus d'un million et nuls ailleurs, sont le plus liquide et le plus incontestable des revenus africains.

Là toutes les ressources qui dépendent des naturels sont aisément à votre disposition, et les produits de leurs récoltes, et l'élève de leurs troupeaux, et leurs moyens de transport.

Là même une ville prise d'assaut n'a pas été désertée, et ses boutiques ne sont pas sans maîtres. Jamais nos marchés n'ont cessé d'y être pourvus. Là il se brûle peu de poudre et

---

Gouverneur général s'exprime en ces termes : « Les Arabes, harassés par les émigrations, ruinés par l'incendie et les ghazzias, viennent successivement se soumettre, etc. » (*ibid.*, p. 52.)

(1) L'ALGÉRIE : *Des moyens de conserver et d'utiliser cette conquête*, p. 72, 99, 119, etc.

vous n'entendez guère de coups de fusil, si ce n'est à la Fantasia le jour de la fête du roi de France.

Là les forces occupantes sont proportionnellement beaucoup moindres et incomparablement moins fatiguées.

Là l'indulgence et l'équité, qui forment le fond de notre naturel, avaient été appréciées à leur valeur sous la forme de ce dicton : « Après la justice de Dieu vient la justice des Français. » — Plantez en Afrique un certain nombre de jalons de ce genre, et elle sera d'elle-même à vous.

Là enfin il semble que vous ayez affaire à une tout autre nature de peuple, parce que vous l'avez saisi et manié avec une autre tenaille.

Précédemment j'ai mis en regard un pâtre africain et un enfant énervé de notre classe ouvrière : je demande qu'ici on rapproche et on compare les physionomies de ces diverses provinces, en se rappelant les différences des systèmes qui leur ont été appliqués, et j'en réfère au jugement que chacun peut porter.

Je laisse ce sujet sans avoir pu tout dire, et j'examinerai rapidement quelques-unes des méthodes très-variables qui ont été successivement ou simultanément proposées pour le gouvernement et la mise à profit de l'Algérie. — Ce qui précède m'a semblé applicable à un événement et non à une méthode ; le fait de colonisation tel qu'il existe actuellement s'étant produit sous cette forme et dans cette mesure plutôt par l'effet du hasard que par celui d'aucun principe raisonné, d'aucune détermination précise.

Arrivé à ce point, nous supposons, quoique gratuitement sans doute, que nous avons réussi à transmettre les convictions dont nous sommes pénétré, et que l'invasion colonisante a été circonscrite dans des limites sagement déterminées, qui, sans lui rien ravir de ce qu'elle a acquis précédemment, ne dépasseraient pas de beaucoup le sol jusqu'à présent envahi par elle.

Dans les bornes de cette démarcation, nous abandonnons, pour n'y plus revenir, la colonisation franque à son développement intérieur et à sa propre vertu. Nous la laisserons se compléter, se perfectionner, s'enrichir, sous l'administration, si on le veut, d'une autorité purement civile ; à quoi nous déclarons ne voir aucune espèce de difficultés.

Et, dégageant totalement ainsi un des termes du problème, nous ne gardons plus dorénavant pour objet de cette étude que le dehors des frontières de la sorte assignées, c'est-à-dire la majeure partie de la région territoriale et la totalité du peuple indigène; pour but, que la recherche du système de domination spéciale à leur appliquer.

CHAPITRE V.

ÉTAT ACTUEL DE LA QUESTION AFRICAINE. — REVUE DES DIVERS PROJETS ET UTOPIES QU'ELLE A ENFANTÉS.

Sur les points capitaux on est à peu près d'accord.

L'abandon ne semble plus proposable. Si vous en formiez le projet, une voix qui part de la masse, sans qu'on sache si c'est Dieu qui l'inspire, vous empêcherait de le réaliser. Elle vous crierait impérieusement qu'il n'est pas permis à la France, sous peine de honte et de déclin dans le monde, d'abandonner cette entreprise, la plus grande qu'elle ait aujourd'hui en mains.

L'occupation restreinte au littoral et se blottissant dans des fortifications a perdu ses partisans, ou ses partisans ont perdu faveur. Cette combinaison réunissait tous les inconvenients et n'offrait nul avantage : elle était sans racines solides, sans avenir possible. C'était renouveler, après expérience décisive, la faute des Espagnols, que leurs admirables forteresses et leur proche voisinage n'ont pu maintenir sur cette côte.

Cela éliminé, reste l'occupation plus ou moins étendue :

à cet égard l'accord devient moins unanime. Mais dans peu de temps, sur ceci comme sur les deux propositions qui précèdent, il n'y aura plus guère de dissentiments. On a longtemps cru qu'il était facultatif de prendre une part et de laisser le reste ; qu'il n'y avait à discuter que sur la quantité. Il est temps de demeurer convaincu qu'il n'en saurait être ainsi ; la nature et après elle la fortune vous ont tracé la limite jusqu'à laquelle vous dominerez, ne le voulussiez-vous pas : c'est le sable du Sahara. En deçà de cette frontière point de paix ; une guerre ou interminable, ou fatale. Ou bien vous régirez jusqu'à ces confins toutes les populations algériennes, pour leur bien et pour le vôtre, pour les élever à votre niveau et les faire entrer dans votre famille, et d'autre part pour ajouter à la fortune de l'Etat ce que peuvent produire en revenus et en force leurs terres, leur nombre, leurs sueurs, leur intelligence, leur courage et leur sang, ou bien vous ne garderez pas un pied en Afrique. Ce dilemme ne peut pas se démontrer ; mais il est aussi certain qu'il en soit au monde.

Dans un temps qui date de dix ans, sous l'habile administration de M. le duc de Rovigo, qui a laissé en Algérie de si excellents souvenirs, nous nous en tenions à quelques blockhaus, dont l'un des plus exposés était celui de Staouéli ; à des maisons crénelées, comme Bir-Khadem ; à un chemin de ceinture fort agréable ; à la plaine de Moustapha, pour faire parader les troupes ; et à Delli-Ibrahim, pour avant-postes.

De cet état à l'état actuel la différence est notable. Les neuf dixièmes de l'œuvre ont été accomplis en dix années. Le dernier dixième se fera.

Il en est de cette conquête comme de la vie; quelque chose est derrière vous qui vous pousse fatalement : marche! marche! et il faut avancer; il n'y a pas moyen de s'arrêter qu'au terme préfix.

Plus récemment notre brave compagnon Emile Grand, si noblement tué, et dont il appartient à chacun de nous de conserver un pieux souvenir, proposait avec habileté de choisir pour lignes d'occupation et de défense ce qu'il appelait les trouées du Massafran et de la Chiffa. Le projet était sage, bien vu et présenté avec talent. Tant que l'auteur vécut, on en tint peu de compte; quand ses études parurent, après sa mort, elles furent mieux appréciées; mais nous avions déjà dépassé ces jalons; nous occupions Coléah.

A une époque plus rapprochée encore, il fut question de se borner au pied de l'Atlas : on négligeait ainsi la montagne, qui, selon le dire d'un officier général, vaut mieux que la plaine. Pour moi, la plaine et la montagne font assez bonne figure ensemble; mais si vous me retirez les vallées, je renonce de suite aux sommets.

Alors on se bornait à la vallée. On s'en tenait à ce dire, et les uns proposèrent une grande muraille; d'autres, une multitude de petites tours croisant les feux de leurs canons; d'autres encore, une immense grille en fer de 25 lieues de long sur 3 mètres 50 cent. de hauteur; d'autres enfin, un profond canal. Quel qu'il fût, un obstacle continu se trouva décidé et entrepris. L'œuvre était de longue haleine, et je me disais que quand elle serait terminée nous trouverions l'enceinte trop petite. Je me trompais de beaucoup. Il eût fallu des années pour l'achever, et quelques mois après nous étions à poste fixe à Médéah et à Milianah, pour rayonner de là en avant. Je le remarque, et je trouve que nous avons très-bien fait.

Ce qui s'applique à la province d'Alger peut se dire des autres.

Dès qu'il s'agit d'une occupation assez étendue, l'accord se brise, et les avis deviennent tout à fait divers ; à ce point, s'il faut le dire, que tel auteur en a, à lui seul, plusieurs.

Un très-grand nombre de voix invoquent à outrance la colonisation civile par des Européens, dans toute l'extension qu'elle pourrait recevoir. — J'ai déjà dit une partie de ce que je pense ; pour me répéter, la place n'est pas vacante, ni facile à balayer ; en outre je n'aperçois pas tout un peuple de suppléants à y transporter, qui puisse valoir, pour cultiver cette terre, le peuple auquel vous le substituez par un simple acte de la pensée.

Ici, ma position devenant délicate, je commence par mettre en réserve le très-profond respect que je professe pour la personne d'officiers généraux d'un mérite éminent et d'un grand talent militaire; puis j'aborde les opinions qu'ils ont émises. Leurs propositions sont du domaine public, touchent à des destinées qui en valent la peine, et la verité a ses droits avant la hiérarchie.

Tel de ces projets ne manque pas de hardiesse : dès le début il se met au large; taille en pleine étoffe; fait main basse et table rase sur tout ce qui existe, pour tout reconstruire selon sa mode; efface les villes là où elles sont, ou n'en tient plus compte; réunit les centres de population où il n'y en eut jamais, et prend conseil pour cela de la direction du méridien. — Il est fâcheux que l'emplacememt des grandes villes ne puisse se coordonner ainsi uniquement selon des droites. En s'agglomérant peu à peu où elles sont assises, elles ont obéi à autre chose qu'à la fantaisie d'un seul; elles ont obéi à de nombreuses convenances et aux besoins impérieux des populations, à la configuration ineffaçable des pays, à des lois enfin très-complexes, qui changent très-difficilement, et avec lesquelles la détermination des longitudes n'a rien de commun. — Abandonnant l'usage assez général jusqu'à nos jours de tenir une province par une ligne faisant face à la résistance, par un front qui se soutienne, se lie et se protége dans ses diverses parties, il trouve plus à propos de pénétrer ce pays par de grands coups de tarrière, éloignés et parallèles entre eux, se dirigeant aussi selon la méridienne, et isolés sur toute la distance qui les sépare l'un de l'autre; par conséquent ne présentant qu'un point de force pour deux longs flancs de faiblesse. C'est le contre-pied de la science de tous les temps et de tous les pays.

Le choix de ses camps résulte de principes semblables.

Il méprise les plaines et les livre à jamais à la stérilité, aux broussailles et aux marécages. Je suis forcé de déclarer que c'est dommage. Les montagnes seules lui conviennent; les plus hautes et les plus difficiles lui sont préférables; s'il ne s'y trouve ni eaux, ni bois, ni possibilité de communications, l'air y sera plus salubre. — L'homme et sa nature et son caractère ne lui sont pas moins flexibles que tout le reste : il le pétrit selon son gré; il en forme un autre, si ce n'est à son image, du moins à son usage particulier. Il ne lui demande que trois vœux, ceux d'obéissance, de travail (et de quel travail!) et de pauvreté.

C'est trop de vertus à la fois. Le vœu de pauvreté ne s'allie guère, pour le commun des hommes, qu'aux habitudes de la paresse.

Quelque honorable assurément qu'il puisse être de marcher dans les traces de cet apôtre dont la valeur et l'énergie sont très-dignes d'éloges, je doute qu'il parvienne à réunir un grand nombre de prosélytes; j'y aiderais cependant volontiers; mais je crains de ne pas lui être de grand secours, en criant à sa suite dans le désert (1) : Qui consent à faire les vœux de pauvreté, d'obéissance, de travail, et qui plus est de claustration (comme nous le verrons plus loin), un auteur que je tiens à la main vous promet en échange *l'eau de la source et du biscuit* (page 20); pour récréations, *du fer et de la poudre* (même page).

Il veut des bataillons à demeure et des camps stables et disséminés. Outre beaucoup d'autres raisons excellentes qu'il y aurait à faire valoir contre ce système (mais le temps nous manque), M. le Gouverneur général actuel en blâme judicieusement l'emploi et les prétend inférieurs aux colonnes en mouvement de toute la différence qui existe entre l'étendue des marches et la portée du fusil. — Il

---

(1) C'est l'épigraphe caractéristique choisie par M. le général: *Vox clamantis in deserto*. Voyez le titre des *Quatorze observations*.

est vrai que la botte portée sera bientôt rendue; qu'une prompte riposte d'arguments non moins victorieux va prouver soudain à M. le Gouverneur général que les expéditions fréquentes et lointaines ruinent l'armée et l'écrasent de maladies. Hélas! ils ont raison tous les deux.

L'auteur propose les colonies militaires. L'essai en a été fait et n'a pu réussir.

Dès 1803, cette réminiscence romaine fut tentée par Bonaparte dans le Piémont et sur le Rhin. L'entreprise fut frappée dès l'origine de langueur, dépérit promptement, et il fallut y renoncer définitivement en 1807. Sur plusieurs points en Afrique, des hommes d'élite, volontaires et vigoureux, ont été placés sous la direction d'officiers de choix, dévoués et intelligents; le dégoût et la fièvre ont bientôt tout saisi, et la terre n'a pas produit une première moisson. Il faut se féliciter si elle n'a pas ouvert son sein pour y recevoir ses cultivateurs à titre d'engrais. — « Mais ces essais, me direz-vous, n'ont pas eu lieu en grand. » — Il est vrai; et cela est heureux.

Je demande si ces colons militaires seront des soldats libérés ou à libérer. — Si libérés, vous n'en aurez point, pas plus que vous n'en avez eu jusqu'ici; si en service actif, oubliez-vous que la mère patrie trouve déjà trop lourd de suffire à ce qu'il faut de troupes en armes pour combattre seulement?

Dans l'état de liberté personnelle et de bien-être général où se sont élevées les classes inférieures en France, tout projet de colonies militaires, surtout sous un climat dangereux, est une rêverie inexécutable. Cela sonne assez bien à l'oreille, mais c'est tout. De nos jours, excepté dans les estampes et sur les enseignes, on est soldat ou bien on est laboureur, mais pas tous les deux à la fois. Il n'est pas aisé de se servir en même temps de la bêche et du fusil. Nous ne sommes plus d'une trempe assez énergique pour pousser la charrue d'une main infatigable en gardant l'épée au flanc. Faites-nous revenir, nous autres vieilles gens de France, aux mœurs qui furent celles de l'enfance de Rome, et peut-être passerai-je à votre avis.

Je craindrais de m'égarer; je craindrais que ma raison ne me fût pas un guide suffisant si j'essayais de suivre le brave et savant général à travers le luxe de places fortes, de villages fortifiés, d'enceintes flanquées, de groupes coloniaux retranchés, de cultures circonvallées, de maisons crénelées, de défenses de toutes sortes dont il s'environne. Tout cela est appuyé sur des calculs très-justes et qui montrent un bon souvenir de l'Ecole; mais tout cela menace très-sérieusement ses adeptes de l'emprisonnement à vie, outre les autres douceurs promises. La détention perpétuelle est aussi, je le sais bien, une solution; mais c'est une solution de liberté.

Un autre écrit s'empare de la trop nombreuse famille des pauvres, les transporte en Afrique et leur confie le soin de sa prospérité.

J'honore sincèrement les sentiments de philanthropie qui ont pu conseiller ce projet. Je voudrais y abonder, et je suis forcé de convenir que je m'en éloigne par une légère dissemblance. Je n'y souhaiterais qu'une insignifiante modification : je voudrais que ce fût, non pas les pauvres, mais les riches de France qu'on déportât en Afrique. De leurs biens, dont on s'emparerait, comme cela est trop juste, on mettrait tous les pauvres dans l'aisance; et comme les riches sont gens qui ont su créer leur fortune par leurs talents, leur industrie, leurs travaux, leur persévérance; ou qui ont su la conserver par la sagesse, l'entente des affaires, l'ordre et l'économie, vous trouveriez en eux des colons bien autrement en état de se constituer, loin de France, une nouvelle position, un nouveau bien-être, et de fournir les éléments d'une société saine, laborieuse, sage et éclairée. L'auteur dont je m'occupe ici était si près de ce dernier corollaire, que je suis surpris qu'il ne l'ait pas atteint du premier élan.

Par là il n'aurait pas réservé l'Algérie à devenir la sentine de notre écume et de notre lie; il n'aurait pas confié à son climat fort peu indulgent le soin d'amener à convalescence cette nation des pauvres si nombreuse et si digne de charité, mais si profondément débilitée dans tout son organisme par les longues privations, par les infirmités et du corps et de l'esprit, par les douleurs morales, si elle n'est gangrenée par la fainéantise, le vice et la débauche.

Pour être désigné général en chef de ces cohortes languissantes ou flétries, il faudrait avoir reçu les mêmes dons que Jésus; avoir comme lui le droit et le pouvoir de dire aux morts ensevelis, Relevez-vous ; au paralytique, Lève-toi, et marche; au lépreux, Sois sain; ou tout au moins comme nos rois aux scrofuleux, Porte-toi bien.

Du reste, qu'il s'agisse de colonies militaires, ou de colonies civiles, ou de colonies des pauvres; qu'elles soient ou saines, ou maladives, ou corrompues, il n'en faut pas moins être préparé à leur fournir un recrutement incessant, ainsi qu'il était nécessaire pour les Mamelouks et Albanais en Egypte.

C'est malheureusement un fait trop constaté que les enfants d'Européens ne s'élèvent presque jamais en Afrique; presque tous succombent dès le jeune âge. Il n'en est d'ailleurs pas autrement dans l'Inde; les enfants de famille occidentale, s'ils ne sont pas renvoyés à temps en Europe, périssent à peu près sans exception avant l'âge de treize ans. Que ces douloureuses observations soient consignées ici pour n'y plus revenir.

Enfin, car il faut s'arrêter, quoique le sujet m'entraîne, M. le général Bugeaud ayant aussi mis en lumière ses principes de conquête et d'exploitation, quatorze observations y ont répondu de suite, et bien d'autres depuis.

En tout cela qu'y a-t-il de pleinement satisfaisant?

CHAPITRE VI.

NOTIONS ÉLÉMENTAIRES DU SYSTÈME PROPOSÉ.

Dans cette hécatombe de projets, sur ce champ de bataille d'idées qui se succèdent pour s'entre-détruire et s'accabler l'une l'autre, la dernière qui succombe parvient toujours, avant de tomber, à blesser dangereusement celle qui l'achève et qui ne lui survit que pour bien peu. En reste-t-il une debout, victorieuse et saine? Non.

Faut-il pourtant se condamner à reconnaître qu'il peut y avoir quelque chose à faire, et à ne pas le trouver? Ce serait déplorable et humiliant.

Après toutes ces semences jetées au vent et qui ont été reconnues vaines et stériles, cherchons soigneusement s'il ne serait pas resté au fond de la mesure un dernier grain oublié, qu'il m'a semblé apercevoir, et qui précisément se trouverait contenir le germe fécond.

Cette dernière chance salutaire, au milieu de tant de difficultés à peu près insolubles, existe tout entière, selon mon sens, dans le gouvernement des populations algériennes le plus possible pour elles-mêmes et par elles-mêmes, à l'aide d'une organisation fort étendue de troupes indigènes.

Je demande pardon du long exorde auquel j'ai cru devoir m'attarder avant d'en arriver là. Il m'était nécessaire de déblayer le terrain : car on ne saurait poser une première pierre sur des décombres. Je continuerai, je le regrette, à ne procéder qu'avec lenteur ; mais, dans un tel sujet, il vaut encore mieux appuyer avec excès et même se répéter, que de toucher trop légèrement, sans les bien asseoir et les bien affermir, des vérités de cette importance.

J'avais déjà fait pressentir que la grande erreur, à mes yeux, est d'avoir eu pour objet principal de se saisir de la terre morte, sans se préoccuper du soin d'acquérir avec elle les populations qui la vivifient.

Cette première aberration en a engendré une autre : les rêves, plus ou moins bizarres, d'une colonisation en définitive impraticable, avec tout le cortége d'inextricables embarras et de menaçants dangers qu'elle entraîne.

Une nation qui accroît seulement son territoire ne fait qu'étendre la surface de ses points vulnérables : qui terre a, guerre a. Si au contraire elle réussit à s'affilier des populations nombreuses et vaillantes, elle acquiert avec elles et le sol qui les porte, et des bras pour le faire fructifier, et des bras pour le défendre au besoin. Si même je creusais bien jusqu'au fond de ce sujet, j'y trouverais de plus encore un accroissement de force pour la défense, non plus locale du territoire conquis, mais générale de l'Etat, sur quelque point qu'il vienne à être menacé. C'est là un dernier profit que l'avenir nous réserve dans son sein, je n'en fais pas de doute, et qu'il nous révélera.

Ici la conquête du terrain ne nous a pas donné ses possesseurs, pour lesquels nous nous sommes montrés indifférents ou hostiles; elle les a au contraire tournés contre nous, en leur mettant au cœur l'amer souvenir et l'ardente irritation de leurs pertes. Si nos soins se fussent appliqués à conquérir les populations, le sol qui leur appartenait, et le sol maintenu en valeur par des mains qui sont familiarisées avec lui et auxquelles il convient, salubre ou non, les eût accompagnées de plein droit. Nous aurions eu la matière et le travail; la force vivante, son objet et ses revenus.

Ce que nous avons depuis appelé notre ennemi, c'est-à-dire ce que nous avons en grande partie fait notre ennemi, n'existerait pas, ou existerait moins.

Une population qui, depuis douze années, occupe un des doigts de la France, et quelques fois le fatigue, ne mérite-t-elle pas d'être prise en considération ?

Mais peut-être ce que je demande ne se pouvait-il faire ?

Ici, je reprends la réponse que je vous ai déjà opposée: jetez les yeux sur la province de Constantine.

A ce sujet quelques personnes prétendent que les gens de l'est de l'Algérie sont moins belliqueux et moins turbulents que les Arabes des autres provinces; je n'admets pas cette distinction comme réelle; mais en tout cas les Constantinois ne sont pas d'une nature plus accommodante que ne l'étaient les pauvres paysans du Fas d'Alger, qui nous ont fuis. Cependant les Constantinois restent, obéissent et payent; se familiarisent avec nos mœurs, et notre langue, et nos lois, et même s'affectionnent à nous. J'en citerai quand on voudra plus d'un témoignage.

Ce n'est pas que dans cette localité les mesures les plus efficaces aient été toutes adoptées jusqu'ici pour obtenir pleinement un si bon résultat; seulement une haute pensée a préservé ce pays du conflit d'une colonisation intempestive et irritante, pleine de contrariétés, d'offenses, de répulsion pour les Arabes, et dont le drapeau le plus apparent ne peut porter d'autre légende que : DÉPOSSESSION DU PEUPLE INDIGÈNE: grâces soient rendues de ce bienfait à M. le maréchal Valée, à qui tout l'honneur en appartient. Sous sa direction, en outre, M. le lieutenant général Galbois a apporté dans le gouvernement de cette province la protection de tous les droits préexistants, une politique plus tempérante que brutale, l'esprit de prudence et de modération, un grand sentiment d'équité, de conciliation et de bienveillance. Voilà tout cependant. Est-ce donc fort difficile ?

Eh bien ! sous cette administration indulgente et affectueuse, le département de Constantine avait fait de très-grands et de très-utiles progrès; et lorsqu'en 1839 la guerre recommença de s'agiter, vainement Abd-el-Kader, par toutes les suggestions et par toutes les intrigues, par ses lettres, par ses nombreux émissaires, par sa propre présence même, s'est efforcé de remuer cette province, alors très-dégarnie de troupes, nécessaires ailleurs; il n'a pas trouvé un district qui ait voulu se lever pour lui, pas un homme qui ait consenti à saisir les armes pour son service.

Ces renseignements sont-ils sans valeur, et doivent-ils être oubliés ?

Je n'entends pas tracer ici le programme complet des moyens de gouvernement qu'il convient d'adopter vis-à-vis du peuple indigène, ou, pour me tenir plus près de mon idée, de notre population provinciale. La plupart sont fort simples et très-faciles à saisir. Ainsi il n'échappera à personne que dans le début il faut s'éloigner peu des usages d'administration et de domination existant avant nous, et qui forment la coutume indigène; puis, selon qu'on s'enracine et qu'on s'affermit, franciser davantage ces formes étrangères, et les rapprocher, par une succession ménagée et sans secousses, des règles administratives et gouvernementales qui nous sont propres; enfin, comme dernier terme et dans un avenir éloigné encore, mais beaucoup moins qu'on ne le supposerait, réduire ces méthodes mixtes à l'unité d'une législation différant fort peu de celle même qui nous régit dans l'intérieur de la France.

De ces premières données chacun déduira sans peine qu'il convient, sur les points douteux récemment soumis ou fort éloignés, de maintenir des autorités indigènes en les consolidant de toute notre force, et de placer directement les régions plus voisines, plus anciennement acquises ou plus fermement possédées[1], sous des chefs français, commandants de cercles et de districts. Quant aux détails d'application de ces principes, tout homme qui s'est occupé sérieusement, en Afrique même, des affaires de l'Afrique serait en état de les coordonner selon les lieux et selon le temps. Je m'abstiens donc de formuler ici le capitulaire de ces règles, qui sont en elles-mêmes et nécessairement progressistes. L'esprit de justice et de lumières en est la base fondamentale; l'appropriation complète des indigènes en est le couronnement. Je n'indiquerai que très-sommairement quelques-uns des caractères principaux, des traits les plus saillants de ce système.

Restreindre, absolument et sans retard, les causes provocatrices d'exaspération, les origines de collision. Murer, autant qu'il est en nous, la source vive et renaissante des regrets et des rancunes. Ne plus considérer les races indigènes comme un obstacle, mais comme un agent ; ne plus voir en elles un ennemi qu'il faut toujours refouler, qu'il y a hâte de détruire, mais des sujets futurs à soumettre, à discipliner, à régir. Où elles sont obéissantes, les préserver avec un soin extrême, soit dans la possession de leurs biens, soit dans la pratique de leur loi, de tout trouble et de toutes inquiétudes ; encourager le travail ; garantir la protection. Tenir plus de compte d'une population acquise que d'un territoire dévasté ; du blé qui pousse et de l'enfant qui naît sous votre autorité, que de dix ennemis qui tombent dans les rangs opposés. Préférer les plus petites contributions au plus grand butin. Sévir avec vigueur quand le châtiment est tout à fait nécessaire, et cependant rester le plus possible avare des odieuses razzias, de l'incendie des villages, de la destruction des récoltes et des troupeaux ; ne point oublier que tout ce pays est destiné à vous appartenir prochainement, et que toutes les fois que vous y répandez le massacre et le ravage, ce sont vos biens que vous gâtez. Bref, pour tout dire en une parole, faire succéder à la lutte les tendances à la pacification.

On m'arrêtera sur ce mot ; on me demandera s'il y a des moyens de pacification. — Il y en a beaucoup ; et les lignes qui précèdent en contiennent plusieurs. Je chercherai à en indiquer encore un ou deux, des plus héroïques.

Nous avons pris soin de reconnaître d'avance quel était le caractère le plus marqué du peuple algérien, son nombre, son énergie virile, son mépris pour le danger, sa propension aux armes. Nôn content du peu d'expérience que nous avons pu acquérir sur ce sujet, nous avons voulu nous fonder sur les propres affirmations de M. le Gouverneur général. Il ne les laisse pas échapper pour une fois : il y revient fréquemment :

« Les Arabes, dit-il encore, sont fiers et belliqueux; la guerre de tribu à tribu est leur état normal; dès leur enfance, tous les hommes sans exception s'exercent au maniement des armes et des chevaux; les entreprises hasardeuses les occupent sans cesse, etc.» (pag. 9.)

Et ailleurs : « Croirez-vous en effet que ce peuple si fier, si belliqueux, qui ne connaît que le gouvernement militaire, etc.» (pag. 40.)

Et cet autre aveu : « Pour gouverner ces peuples si peu accessibles, si guerriers, si différents de mœurs, si mobiles, si ardents, etc., etc.» (pag. 124.)

Et celui-ci : « La population est pauvre, guerrière, intrépide, ignorante, et dans cet état de civilisation qui laissant à l'homme toute sa sauvage indépendance le rend insaisissable, etc., etc.» (pag. 61.)

Les citations ne nous manqueront pas, non plus que la réalité du fait sur lequel elles reposent.

Admettons donc que tel est le caractère général. Cependant ces facultés guerrières ne doivent pas avoir été réparties à tous les individus dans une même proportion : il en est sans doute pour qui l'amour de la guerre est une passion impérieuse; d'autres chez qui il n'est qu'un goût moins irrésistible, ou peut-être une habitude d'enfance. Tous ne sauraient avoir été doués au même degré de cette entraînante vocation pour les armes, poussée chez quelques-uns à l'excès. Il y a donc là, comme partout, quoique peut-être à un degré plus prononcé, une catégorie d'hommes que sollicite moins que les autres la vie calme et sédentaire de la famille; qui répugnent plus que le reste aux travaux manuels et pénibles des champs, ou dans les villes, quoique peu nombreuses, aux habitudes de la boutique.

Autrefois ces natures exceptionnelles, que j'appellerai, comme vous le voudrez, supérieures ou féroces, trouvaient un ample débouché. C'était en premier lieu l'état de corsaire, de pirate, qui s'offrait à eux. Ils ne s'en faisaient pas faute. — Cette carrière s'est fermée; cette branche d'industrie, où s'exerçait leur farouche énergie, est retranchée pour jamais. Peut-être un jour cependant la marine française pensera-t-elle qu'elle ferait bien d'appeler dans ses classes quelques-uns des rudes marins de cette côte, matelots hardis et aventureux; mais le temps n'en est pas encore venu.

Les guerres intérieures qui se renouvelaient perpétuellement de douair à douair, de tribu à tribu, d'une circonscription à une autre, étaient aussi un aliment satisfaisant pour d'âpres courages; mais ce genre d'exercice, ces entreprises hasardeuses, ces actes fréquents de combat et de butin, ne sauraient plus être tolérés entre des peuplades placées sous notre loi. Ceux qui vivaient, dans le douair, sur leur réputation de bravoure seront forcés d'aller chercher ailleurs la rémunération de cette qualité.

D'autre part les gens du Maghzen, sous les Turcs, n'avaient guère d'autre occupation ni d'autre héritage que la levée des contributions, les exactions et les pillages qui s'ensuivaient, et qui leur étaient livrés pour leur entretien. Les Righas, par exemple, et tant d'autres, ne possèdent pas plus de terre que leur tente n'en couvre, et pour rien au monde ne voudraient travailler. — Autres emplois vacants.

Je dirai plus tard pourquoi le Maghzen, sous sa forme ancienne, ne doit plus être employé par nous.

Enfin cette résistance en armes, ce Djéad qui depuis dix ans se remue contre nous, n'a-t-il pas accueilli et rétribué tous les hommes les plus enclins à se vouer aux armes? Ceux qui n'en ont pas été les soldats à demeure y trouvaient, de temps à autre, des passe-temps selon leur goût et des occasions de se maintenir en haleine. On dit que cette guerre se lasse, et je le désire ; il est grand temps qu'elle cesse. Mais pour qu'elle cesse tout à fait, ne faut-il pas y aider? et si elle cesse, croyez-vous que ces corps endurcis à la fatigue et aux périls qui vous combattent depuis dix ans; qui peut-être ne se sont jetés dans ce parti que parce que vous aviez ravagé leurs douairs, à quoi nous n'avons eu souvent la main que trop leste et trop lourde ; qui n'avaient pas ou qui n'ont plus ni troupeaux, ni terres, ni maison, ni tente, ni ressources d'aucune espèce ; qui depuis dix ans ne sont accoutumés qu'aux courses, au sang et aux désordres, iront se faire, quelque part, bergers ou domestiques de quelques tranquilles cultivateurs? Ils resteront brigands, si vous ne les enfermez dans des rangs formés par vous, pour employer à votre profit leurs bonnes qualités et neutraliser les mauvaises. Vous avez dispersé ces bataillons des vieux réguliers d'Abd-el-Kader (1), mais vous ne les avez pas tués. Où sont-ils? — Ils sont dans le camp ennemi, qui se débande et qu'il faut achever de dissoudre; ou dans les masses populaires, qu'ils ne peuvent que troubler et entraîner à mal.

A cet examen n'êtes-vous pas saisi d'une idée? C'est qu'il est d'une grande importance et d'une nécessité urgente de soustraire à la paix des campagnes les courages turbulents auxquels elle ne suffit pas; d'arracher le plus tôt possible aux rangs de la partie adverse tous ceux que l'impétuosité du sang, l'inquiétude de caractère, l'antipathie pour les travaux pénibles ou sédentaires, peut-être la passion du moment, peut-être la misère, peut-être l'inconduite y a jetés; que l'habitude ou le manque de ressources y retient; et qui, entre toute une race courageuse, se montrent les plus enclins à la vie à la fois remuante et inoccupée du soldat; qu'il convient de les détourner du brigandage, par le service; des vols, par l'appât du vêtement et d'une paye suffisante; que si nous voulons qu'ils n'entravent point le prompt et facile établissement de l'obéissance à notre loi, il faut leur ouvrir la vie militaire, en nous en faisant un puissant moyen d'action, au lieu d'un obstacle qu'ils étaient; nous tirerons ainsi un double avantage et de leur absence du parti hostile et de leur présence sous nos ordres. Si cette

---

(1) « Il a créé et entretenu une armée de douze à quinze mille hommes. » (M. le général Bugeaud, p. 47.)

pensée vous frappe, vous êtes dans le chemin qui conduit nécessairement à une large organisation de troupes indigènes.

Cette création étendue et la pacification du pays sont deux sœurs inséparables.

J'examinerai plus loin, et avec détails, quel est le degré de fidélité et d'obéissance qu'on peut attendre de troupes ainsi composées.

Pour le moment, cherchons encore quelque autre moyen de porter au loin devant nous l'ordre et le calme; de brider puissamment, de gré ou de force, la désobéissance rétive, la turbulence qui secoue le frein, et l'agitation rebelle; de faire pénétrer directement notre surveillance et notre commandement dans le cœur du pays, dans la profondeur des populations; bref, d'imposer la paix.

Si nous trouvons cela, nous aurons rendu un service précieux.

Tout le monde, et M. le général Bugeaud tout le premier, déclare que ces populations ne sont pas saisissables pour nous. J'ai déjà dit que je n'adopte pas cette opinion, et que je les crois très-saisissables, mais par d'autres méthodes que celles employées jusqu'à présent.

M. le Gouverneur général reconnaît qu'on ne peut les contenir et les dominer par aucun des grands moyens d'action. « Ils n'ont ni grands centres, ni navigation intérieure, ni grandes routes, ni fabriques, ni fermes ; leur sol est nu, difficile, accidenté ; leur sauvage indépendance est insaisissable (1). » Ainsi ils se dérobent à nous de deux manières : par leur diffusion : nous ne pouvons pas, sans danger, nous disséminer assez pour les pénétrer et les tenir en détail ; par la légère mobilité de leurs mouvements, que le terrain favorise : nous ne pouvons les poursuivre, ou du moins les joindre.

C'est pour ces considérations qu'on a souvent dit qu'il fallait avoir en Afrique beaucoup de cavalerie; mais on ne s'en est pas trouvé plus avancé. En plaine, l'infanterie ne peut les suivre et les atteindre; et, dès qu'ils redoutent la cavalerie, ils se jettent dans la montagne. Ils conservent toujours le prendre et le laisser.

Nous avons bien essayé des pointes hardies ; elles tuent nos troupes et n'amènent au plus que des soumissions plâtrées. Nous avons eu recours à la dévastation par le fer et le feu, à la prise des villes, à l'incendie des villages, à la destruction des douairs, au gaspillage des silos, au ravage des biens et des troupeaux, à l'enlèvement des vieillards, des femmes et des enfants; car lorsqu'on vous parle du nombre des prisonniers, il ne faut pas croire que ce sont réellement des prisonniers de guerre rendant les armes; non, c'est habituellement ce que je viens de vous dire. Eh bien ! vainement nous nous en prenons à tout ; tout cela n'est pas efficace; qui pis est, cela nuit.

---

(1) L'ALGÉRIE : *Des moyens de conserver et d'utiliser cette conquête* (p. 24 et 61).

« En Afrique, dit encore M. le Gouverneur général, l'armée se trouve dans la situation d'un taureau assailli par une multitude de guèpes (1). »

Taureau ou lion, guèpes, moucherons ou abeilles, il n'importe ; la comparaison n'en est pas moins très-juste. Il existe sur ce sujet de fort belles descriptions, dans lesquelles je pourrais, comme certain auteur, trouver occasion de poésie; mais je n'en ferai rien. Personne n'ignore comment la lutte commence : « Va-t'en, chétif !... » — Provocation que nous avons beaucoup prodiguée, et en paroles et en fait. Chacun sait comment elle continue et s'achève, par la fatigue et l'épuisement du géant; jusqu'à ce que le victorieux aille se perdre dans une légère embuscade.

Encore faut-il pour cette fin que la toile d'araignée soit tissue avec assez d'art et suffisamment résistante ; encore faut-il que chacune de ses fibres, en quelque sorte nerveuses, vienne bien concorder en un centre unique de surveillance, pour y porter la perception rapide du moindre désordre, du passage d'un insecte.

C'est ce réseau impressionnable, étendu et léger qu'il s'agirait d'inventer et de construire. Quand on s'attaque aux mouches, il ne faut pas s'y prendre comme pour combattre un éléphant : la violence des coups tombe dans le vide.

---

(1) L'ALGÉRIE : *Des moyens d'utiliser et de conserver cette conquête* (p. 25).

Un homme, qui unit infiniment d'esprit à des qualités bien plus éminentes encore et bien plus rares, et envers lequel je m'honore d'être lié par une reconnaissance et une dévotion filiales, avait, je crois, ouvert l'avis d'emprunter à l'Albanie des bandes de ses Arnaouts, si légers à la marche, aux jarrets de daim et à la vue d'aigle, si agiles et si souples dans tous les exercices, si sûrs de leur balle; précieux surtout par le petit nombre de leurs besoins, l'endurcissement aux fatigues et aux privations, les habitudes de la vie en plein air et d'un état à demi-sauvage; il proposait de les importer en Algérie pour en faire des éclaireurs rapides, des batteurs d'estrade, des enfants perdus d'avant-postes ou de terres réputées insalubres; enfin, sous toutes les formes, des auxiliaires extrêmement utiles de nos colonnes de pesante infanterie, sujette à mille besoins, réservée par nécessité à de nombreux ménagements. La pensée était profitable et beaucoup plus qu'elle ne le paraîtrait à certains esprits de France élus pour décider de tout quoiqu'ils n'aient pas tout expérimenté. Mais l'auteur de ce projet, qui connaît parfaitement bien les Albanais et le parti qu'on en peut tirer, n'avait pas alors visité l'Afrique. Depuis, il aura pu modifier son opinion et se convaincre que l'Algérie n'a rien à envier à cet égard à aucun peuple; qu'elle est abondamment pourvue, riche au delà de toute expression en ressources de ce genre, en éléments valeureux pour la constitution de troupes vraiment légères; légères, non en parole et par leur nom, mais en fait. Il y manque encore l'organisation, non la matière; la façon, et non l'étoffe.

D'excellents juges en cette matière ont souvent exprimé leurs profonds regrets que la France fût privée de troupes légères, non pas qu'elle n'en ait créé, mais parce qu'elle n'a pas su, ou plutôt qu'elle n'a pas pu maintenir légères celles qui avaient été créées en cette vue et sous ce nom. Qu'on ne se persuade pas que j'attache ici trop d'importance et de prix, pour la réalité de cette institution, au choix d'une espèce voisine encore de l'enfance des peuples, encore bornée à l'existence primitive et à ses dures et agiles habitudes, encore éloignée des usages d'une haute civilisation, exempte encore des faveurs d'un bien-être amollisant.

Cherchez dans tous les temps et dans tous les pays, partout vous trouverez que tels furent toujours les peuples qui ont fourni des troupes véritablement légères : ainsi les Scythes et les Parthes, les Pandours, les Monténégrins et les Chimariotes, les Croates, les Hongrois; pour les Turcs les Arnaouts et les Armatolis de la Roumélie; les Cosaques pour les Russes; les Tyroliens pour l'Allemagne; plus tard et dans nos contrées les Basques et les Cantabres. Allez demander des troupes légères à l'Angleterre, pays du monde où il existe le plus de confort.

Si elle en trouvait, ce serait dans les montagnes de l'Inde, mais non jamais en Chine, civilisée depuis cinquante siècles.

Voulez-vous savoir quelle différence sépare la maturité d'une nation de son adolescence? un exemple s'offre à moi : « Les Gaulois (1) sont de tous les peuples connus les plus agiles à la guerre. Ils sont d'une adresse si singulière, qu'ils

(1) Voyez Sidonius Apollinaris.

frappent toujours où ils visent; d'une légèreté si prodigieuse, qu'ils tombent sur leur ennemi en même temps que le trait qu'ils ont lancé contre lui; enfin d'une intrépidité si grande, que rien ne les étonne, ni le nombre des ennemis, ni le désavantage des lieux, ni la mort même avec toutes ses horreurs. »

Ces Gaulois-là c'étaient vos pères, enfants dégénérés que vous êtes ! dégénérés ou perfectionnés, mais certes peu reconnaissables.

Les Arabes de l'Algérie sont aujourd'hui, à beaucoup d'égards, ce que vous fûtes.

Remarquez-le donc : un pays, qui est sur le point de se soumettre tout entier à votre loi, vous présente des ressources infinies pour la création de troupes audacieuses, braves, rapides, sobres, endurcies, irrégulières jusqu'à un certain point, enfin, et dans toute la portée du mot, essentiellement légères, qui vous manquent.

Ces troupes indigènes satisferaient à toutes les conditions du problème que nous nous sommes posé. Aussi peu boiteuses que la race dans laquelle vous les choisirez, il n'est pas devant elles de fuites faciles, il n'est pas pour elles de retraites inabordables. Tels sont les rets qu'il vous faut tendre. Vous pouvez les répandre sur toute la surface de l'Algérie; tout lieu où un Arabe trouve à vivre fournit au soldat indigène ce qui lui est nécessaire. Vous pouvez les disséminer par aussi petits groupes qu'il vous conviendra; leur présence ne soulève pas d'alarmes, n'éveille point d'antipathies religieuses ou nationales. La communauté de l'idiome et leurs relations continuelles avec les paysans les mettent à même d'obtenir et de transmettre les avertissements les plus précieux. Leur répartition, disposée avec art sur le pays, enferme tout son peuple sous un vaste filet dont chaque nœud intelligent répond à votre volonté, obéit au mouvement de votre pensée. C'est ainsi que cette population vous devient parfaitement saisissable.

En attendant l'époque où peut-être les troupes algériennes trouveront leur place dans les avant-gardes de nos armées, leur emploi actuel sur le sol même qui les recrutera est une affaire de nécessité, et leur supériorité pour ce but résulte de mille motifs, entre autres de l'accoutumance au climat.

Faut-il en fournir une preuve? — Dans la province de Constantine, à dix-neuf lieues à l'ouest de cette ville, le camp de Ma-Allah était gardé par quatre cents hommes de troupes françaises; sur ce nombre trois cent cinquante soldats, sous-officiers, officiers tombèrent malades; la fièvre et la dyssenterie les dévoraient. C'était le cœur de l'été, et la position est des plus funestes. On les fit relever par quatre-vingts Turcs du bataillon de Constantine. Si je les appelle Turcs, c'est par flatterie ; ils en portaient le nom; mais c'était la troisième compagnie de ce bataillon, et elle possédait un moindre nombre de Turcs que toute autre. Elle se composait d'Arabes, de quelques Kabyles et principalement d'enfants de Milah, le tout sous le commandement d'un jeune et brave sous-lieutenant (M. Martin, mort depuis) et de quatre sous-officiers français. Une si faible troupe, parce qu'elle différait peu quant aux vêtements, était semblable de langage, de mœurs, de religion; ne soulevait pas les aigreurs nationales; connaissait le sol environnant et ses habitants; ne les méprisait ni ne s'en moquait; n'était ignorante ni de leurs caractères ni de leurs dispositions; eût été très-facilement et très-certainement informée des projets ou des supercheries qui se seraient tramés contre elle, des embûches qu'on aurait eu dessein de lui tendre; cette petite troupe, quoique placée à l'entrée des gorges du Ferdjivouah, sur un point fort important et fort douteux où le même nombre de Français, en les supposant préservés de toutes maladies, n'auraient pas dû être aventurés, put suffire tranquillement, pendant de longues saisons, à la garde de son poste, aux communications, aux escortes et à la bonne police du pays; elle ne cessa de fournir un lieu de relais pour les correspondances, un lieu d'étape et d'asile aux convois et aux détachements français de passage. Elle se fit respecter dans tous les alentours; elle trouva occasion de porter secours dans son voisinage et de sauver des meules, des moissons incendiées; elle sut concilier ou réprimer plus d'une fois, à l'instant où la poudre était sur le point de parler, des différends entre les douairs peu éloignés. Ses hommes allaient en permission dans les tribus environnantes, s'y approvisionnaient et y étaient bien reçus. Elle parvint enfin à se faire établir un marché sous le pied de son parapet, ce que des Français n'auraient pas pu obtenir en ce temps et en ce lieu. La tente de son officier commandant devint le but fréquent des promenades d'un très-grand seigneur du pays, de Bou-Akkas, scheik de Ferdjivouah, que les lieutenants généraux commandant la province n'ont pu déterminer encore à venir leur faire une visite à Constantine. — La fièvre atteignit aussi ces prétendus Turcs, mais ils n'allaient pas pour cela à l'hôpital. Les plus gravement atteints faisaient leur service en tremblottant; on leur donnait une ration de quinine avant de les mettre en faction. Aucun n'en mourut. Les croix de bois, laissées par le détachement français relevé, avaient été bien nombreuses autour de ce petit camp.

Je cite ce fait; je pourrais en citer cent, s'il était nécessaire.

Tous les avantages des troupes indigènes pour le service de l'Algérie, ou presque tous, car il en existe encore quelques autres qui prendront place plus loin, se trouvent dans ce récit.

Le lecteur le moins attentif se sera très-facilement aperçu que j'avais semblé promettre deux moyens de pacification et qu'en résultat les deux n'en font qu'un. Cela est très-vrai. En effet la création de troupes indigènes, soit à son point de départ et par le seul fait de la réunion et de l'incorporation des hommes, soit dans son résultat final et par la nature des services particuliers qu'il est légitime d'en exiger, tend avec une égale efficacité vers le but que nous nous proposions. C'est en cela que consiste son immense utilité.

CHAPITRE VII.

RECHERCHES HISTORIQUES.

La question africaine a été précédemment fort habituée aux citations latines. On exhume un lambeau de quelque auteur romain, et on l'apporte en s'écriant : « Rufus a dit cela : — Voici les propres paroles de Velleius. » — On peut faire dire presque tout ce qu'on veut à l'antiquité écrite. Les parcelles qu'on lui enlève, ainsi arrachées de leur place pour l'usage qu'on en veut faire, ne paraissent pas apporter de très-grandes clartés ni des preuves bien concluantes. Je m'abstiendrai donc de cette méthode; je n'aurai recours ni à Rufus ni à Paterculus.

Mais peut-être les enseignements que nous a légués l'histoire, dans son ensemble, fourniraient-ils ici d'utiles conseils. Je demande la permission de tenter une rapide excursion dans la partie de ce domaine qui touche à mon sujet.

Presque à chacune de ses pages, cette histoire nous apprend que la première nécessité d'une nation conquérante est de faire contribuer le pays conquis à l'accroissement de ses forces, au recrutement de ses armées, à la protection et à la défense ou directes du territoire adjoint, ou générales de l'Etat ainsi grossi par la conquête. Elle nous offre cette leçon avec de semblables lumières, soit dans les entreprises qui ont durablement réussi en se conformant à ce précepte, soit dans celles qui ont échoué ou n'ont pu se maintenir, n'y ayant pas obéi.

Allons chercher des exemples à Rome; puisque Rome est sans cesse citée à propos d'Alger.

Les farouches paysans de ses sept collines n'ont pas formé seuls les puissantes armées qui marchèrent à la domination du monde connu. Jamais le peuple du Latium ne subjuguait un autre peuple sans l'obliger à alliance, c'est-à-dire sans le contraindre de concourir à mettre sous sa loi de nouvelles nations. Dès le premier âge, à peine la Rome naissante a-t-elle soumis les Albins, les Volsques, les Samnites, les Etrusques, qu'elle leur donne ses armes et sa discipline et les entraîne à ses côtés en les appelant compagnons (*socii*). En quel nombre admettait-elle ces compagnons ou alliés? Aussi longtemps qu'une armée consulaire est le total des forces de Rome, rien de plus facile à connaître que cette proportion, et rien de plus simple que les dénominations auxquelles elle donnait lieu. Une armée consulaire ne se composait que de quatre légions, dont deux de nationaux et deux d'alliés; il y avait première et seconde des Romains, première et seconde d'alliés. Polybe le témoigne, et dit que la cavalerie comprenait un tiers de chevaliers romains, et deux tiers de cavalerie des alliés. Les troupes alliées étaient placées à la droite et à la gauche des légions romaines, pour éviter, dit-on, que réunies sur un même point elles ne tentassent de s'insurger; bien faible précaution et qui paraît cependant avoir suffi. Plus tard la proportion devient infiniment croissante en troupes agrégées, outre des auxiliaires de diverses natures, tels que des frondeurs et des tireurs d'arc empruntés aux peuples sauvages.

Carthage est tombée depuis peu; les fils de ceux qui ont aidé Rome à écraser sa rivale vivent encore, que déjà un corps d'infanterie et de cavalerie numides est transporté en Espagne, pour y prendre part à la guerre et au siége de Numance. Et (ce qui est bien remarquable) à la fin de cette expédition difficile et victorieuse, un témoignage formel et public de Scipion déclare que l'homme qui, sans nulle comparaison, s'est le plus distingué dans cette guerre est un Numide : il le comble de récompenses et d'éloges.

Dans la campagne de dix années en Gaule, César, qui entreprend d'assujettir ce pays, en tire dans ce but la majeure partie de ses forces. Il commande à dix légions ; elles sont, pour la plupart, gauloises sous des chefs romains. La fameuse légion des Alouettes (*Alaudarum legio*), réputée pour sa bravoure, est totalement gauloise.

Ce sont de telles troupes qui exécutaient ces charges à la course dont parle ce grand capitaine.

Avec ces moyens, il triomphe ; la valeureuse nation succombe sous son épée, et le reste des soldats qui n'avaient point encore abandonné la défense de leur terre natale et qui survivent à cette catastrophe se rangent sous ses aigles.

Il conduit à Pharsale trente légions presque complétement gauloises. Elles y triomphent des nationaux attachés à la fortune de Pompée, qui comptait cinquante légions ro maines. Mais il faut considérer, dans l'issue de cette lutte inégale, que les forces de César étaient des troupes permanentes, et que les légions purement romaines de Pompée étaient des troupes temporaires; c'est une remarque à ne pas mettre en oubli.

La Gaule n'était alors, aux yeux de ses dominateurs, qu'un sol de colonisation italique et surtout un dépôt abondant de recrues gallo-romaines. Notre état encore sauvage, l'endurcissement corporel et l'énergie morale qui résultent d'une telle vie, nous avaient mis en grand renom de valeur militaire. Il n'y avait pas, dit César, une seule armée où des Gaulois ne figurassent. Il en était mis à la tête des légions de Rome; des commandements de province leur étaient confiés.

Plus tard la légion Foudroyante, dont parle Dion, était diverse de peuples, mais entièrement chrétienne.

Dès le IIIe siècle les Francs, quoique envahisseurs et conquérants, prennent part aussi au même mouvement, au même système. Longtemps repoussés ou contenus, ils se prêtent à des alliances et consentent à s'incorporer dans les cohortes romaines ou à former eux-mêmes des légions franco-romaines.

C'est par ces voies que le christianisme nous a été transmis; c'est par elles que les premières clartés civilisatrices nous sont arrivées. C'est par cet acheminement que les coutumes se sont adoucies, les mœurs transformées; c'est par cette réunion sous de mêmes enseignes que notre culture intellectuelle a pris naissance, qu'un langage nouveau traversant l'idiome roman est venu former la langue française, qu'enfin nous sommes restés si profondément empreints en tout du caractère et du génie romain. Nouvel et frappant exemple que la civilisation est un enfant qui suit volontiers la marche des armées.

Il nous appartient aujourd'hui de transmettre aussi, par la guerre et sous les mêmes formes, les bienfaits que notre enfance a reçus.

II.

Prenons, sur le même peuple, un aspect où les choses se soient passées d'autre façon.

Rome avait résolu de s'emparer des Numidies, à commencer par le royaume de Juba, et voulait en faire une province purement romaine. Elle se porta à cette œuvre avec la hardiesse et la tenacité qui la suivaient partout. Mais elle n'usa plus des méthodes qui lui avaient réussi dans les Gaules; elle prétendit là s'imposer au milieu du peuple préexistant, malgré lui et sans lui, sans l'admettre ni à service, ni à fusion, ni à coopération dans cette entreprise ; elle fonda.....

Mais pourquoi prendrais-je la peine de raconter quand je puis me contenter de lire? Voici le propre texte, non pas de Rufus, mais d'un autre auteur ; il est partisan des colonies militaires et mendiantes ; on ne m'accusera pas d'accommoder les faits à ma convenance. Je ne change pas un mot :

« Rome multiplia, comme éléments de colonisation, ses colonies dans l'intérieur des terres. Or on sait ce qu'était alors une colonie romaine : C'ÉTAIT UNE TROUPE D'HOMMES DISCIPLINÉS, CULTIVANT, COMBATTANT, AIDÉS DANS LEURS TRAVAUX PAR DES ESCLAVES. Néanmoins jamais cette occupation intérieure ne fut tranquille. A chaque instant ses cultures étaient ravagées, les récoltes étaient incendiées, les habitations détruites, les individus massacrés ou traînés en esclavage. La fréquence de ces désastres partiels est surtout mise hors de doute, soit par les Pères de l'Eglise, racontant les conversions dues à des dames romaines esclaves des Barbares, soit par saint Augustin faisant FLÉCHIR LA RIGIDITÉ DE LA FOI DEVANT LE BESOIN DE CONSERVER LA PROTECTION DES INDIGÈNES. Ainsi allèrent les colonies romaines de travaux en travaux, de calamités en calamités, de grandes victoires en grandes victoires, jusqu'à l'année 428. »

Ici j'abrége. Surviennent les Vandales, puis arrive Bélisaire ; ce qui nous conduit jusqu'à l'année 647, où je reprends le texte :

« Les colonies romaines, malgré de grandes victoires éventuelles, ne savaient plus compter sur l'avenir. Les Arabes de l'Islam paraissent. Tout cède après des combats acharnés ; ILS SE FONDENT RAPIDEMENT AVEC LES INDIGÈNES, en leur imposant leurs croyances ET EN LES EMMENANT DANS LEURS EXPÉDITIONS MILITAIRES. Ils composent ainsi ce peuple qui, depuis douze siècles, couvre la terre d'Afrique, de la Méditerranée au Sénégal, de l'Océan aux montagnes de la Lune, etc. (1) »

Si bien qu'ils y sont encore, comme les Francs en France.

---

(1) ALGÉRIE : *Quatorze observations, etc.*, p. 73, 74 et 75.

— Mais des Romains, qui avaient eu cette fois la folie de prendre une marche toute semblable à celle que nous paraissons vouloir suivre nous-mêmes, et qui ne *s'étaient pas fondus* avec les indigènes, qu'en est-il advenu, je vous prie? — Dans ce pays, qu'ils ont occupé cinq cents ans, ils n'ont pas laissé une seule trace de leur langage, de leur littérature, de leurs arts, de leur religion, de leur tactique militaire, de leurs mœurs, de leurs coutumes. Il n'est resté d'eux que la pierre de leurs monuments et de leurs tombes pour nous informer de leur passage.

C'est à les imiter, si même nous avons la force de les bien imiter, que la presse et la tribune nous invitent journellement.

III.

Nous ne saurions passer en revue l'histoire universelle, encore moins étudier en détail la vie particulière de chaque peuple; franchissons un vaste espace pour rencontrer, s'il se peut, une instruction moderne et tout à fait applicable.

La plus grande opération que jamais association de marchands ait entreprise est assurément la conquête, la prise à ferme et la mise en produit de l'Inde anglaise. Le grand éloignement de la métropole s'ajoutait aux autres difficultés de la tentative. Elle a réussi; elle a pris d'étonnants accroissements. Comment s'y est-on conduit?

Sur un sol plus peuplé qu'aucun empire existant, la compagnie gouverne, commande tyranniquement, asservit, pressure, civilise, enfin recueille à son profit (y compris le sang des peuples) tous les bénéfices et revenus de cet immense territoire; elle le fait à l'aide d'une milice qui s'élève, en nombre certain et rond, à deux cent soixante mille naturels, appelés Cipayes. Ils sont recrutés, armés, approvisionnés, entretenus par ses soins et payés par elle.

En temps de guerre, cette force est facilement doublée.

Pour contenir, régir, brider au besoin cette milice ou lui donner l'exemple et l'impulsion, la compagnie emprunte à la métropole vingt et un mille cinq cents Européens, détachés de l'armée anglaise et mis à la solde anglo-indienne.

L'étendue territoriale et le nombre des populations de ce gouvernement se sont accrus du simple au double en onze années, de 1811 à 1822. Il comprend, selon les uns, cent; selon d'autres, cent vingt; selon d'autres encore, cent quarante millions d'habitants. Il est composé d'une quantité de nations. Les religions y sont diverses. Il s'y parle trois cents idiomes différents.

Les Cipayes sont enrégimentés sous le commandement d'officiers anglais, lesquels sont à la nomination de la compagnie, et plus favorisés, mieux traités, mieux payés que les officiers de la petite armée anglaise détachée au service du même conseil de marchands. Cette disproportion, à la considérer d'ici, semble bizarre et injuste; si nous la regardions de là-bas, elle pourrait nous paraître plus naturelle: au total, cela est ainsi.

Les simples soldats métropolitains sont des lords au petit pied; ménagés avec une prudente avarice, largement payés, largement abreuvés, ils ont à peine à entretenir et à nettoyer leurs armes. Chacun d'eux se repose sur trois ou quatre esclaves du soin de faire pour lui les corvées, la cuisine, de le raser, de cirer sa chaussure, de brosser ses vêtements. En se montrant jusqu'à cet excès économe des fatigues des nationaux, on est arrivé à n'avoir parmi eux que peu de maladies et de rares décès.

Dans l'armée indigène, le luxe des officiers dépasse toute croyance. Ils jouissent d'appointements considérables; ils perçoivent en outre de riches allocations comme chefs de districts. Il n'est pas rare de voir un simple capitaine toucher annuellement trente à quarante mille francs.

Chaque officier mène à sa suite un train proportionné à ces larges émoluments; son domestique se compose, pour les moindres, de huit à douze chevaux et de valets en nombre extravagant. L'imagination se perd; on croit assister au récit d'un conte arabe quand on entre dans le détail du nombre des éléphants (1), des chameaux, des chevaux, des chars à bœufs, des troupeaux de vaches laitières pour l'usage des officiers, des bandes de palanquins pour les officiers et les malades, de l'énorme attirail de bagages de toutes sortes, y compris les jongleurs et les courtisanes, qui accompagnent la marche d'une armée.

Je suis fort loin de vanter ce qu'il y a d'exagéré dans ce régime oriental; il apporte nécessairement des difficultés et de la lenteur dans les opérations; je crois qu'on a été obligé dernièrement d'en réduire quelque chose. Je regarderais comme fort déplacé et fort malheureux que des officiers de troupes indigènes, en Afrique, fussent accoutumés à de si folles et embarrassantes superfluités; aussi me verra-t-on

---

(1) Lord William Bentinck, étant en tournée d'inspection, faisait porter son bagage par 103 éléphants, 1,300 chameaux et 800 chars à bœufs. — Le feu duc d'Orléans, faisant campagne en Afrique, avait pour ses équipages une cinquantaine de mulets.

rester bien en arrière de pareilles évaluations quand j'aborderai l'indication de ce qu'il faut accorder à ceux-ci pour relever suffisamment leur position au milieu des naturels, et rendre leur éloignement de France et leur vie en Algérie supportables. Dans le budget que je propose pour eux, je n'irai pas jusqu'aux profusions asiatiques.

Les revenus que recueille la société des Indes font face à toutes ces dépenses et à bien d'autres.

Les Cipayes sont des soldats vigoureux et dévoués, quoique le peuple indou ne puisse pas être regardé comme naturellement très-belliqueux; le parallèle en cela serait tout à l'avantage de l'Algérie ; mais, comme l'Arabe, l'Indou est soumis au dogme de la fatalité, et sa sobriété égale sa résignation. Ses officiers peuvent tout en attendre.

De terribles catastrophes ont été éprouvées; elles n'ont eu pour causes ni la révolte, ni le manque d'obéissance ou de dévouement, ni la lâcheté des Cipayes.

IV.

Vous faut-il un contraste ? il est facile à trouver.

La Russie, dans sa lutte contre les Circassiens, s'est éloignée diamétralement du régime appliqué à l'Inde orientale par une association de marchands. Elle s'est rapprochée des méthodes pratiquées par les Romains pour la domination des Numidies. Elle a adopté des errements fort semblables à ceux que nous suivons nous-mêmes depuis douze ans, en Afrique, sans plan bien déterminé. Elle se hérisse d'obstacles ou continus ou combinés, elle se couvre de constructions défensives, prodigue les enceintes, les retranchements, les lignes de postes et de camps fortifiés, comme nous avons fait et comme les savants nous exhortent plus que jamais à le faire. Parfois la fièvre la pousse, et elle s'épuise en irruptions extravagantes, comme nous faisons.

Elle a débuté dans cette guerre il y a cent vingt ans ; elle travaille avec énergie et persévérance, depuis cinquante ans, à la soumission des Circassiens ; en tout temps elle n'y emploie pas moins de quarante mille hommes, elle y a mis quelque fois jusqu'à cent mille hommes (1), et elle est aussi avancée qu'au premier jour. Je me trompe, elle les a rendus plus antipathiques, plus aguerris et beaucoup plus en état de lui résister.

N'est-ce pas un grave sujet de réfléchir ?

---

(1) A la mort d'Alexandre Ier, l'armée du Caucase était forte de 85,000 hommes.

CHAPITRE VIII.

ÉCHANTILLONS D'INFANTERIE INDIGÈNE.

Après avoir accordé à des considérations générales l'importance qu'elles devaient avoir, nous entrons enfin dans la partie spéciale et pratique que ces notes ont plus particulièrement en vue.

La création des corps indigènes permanents et leur emploi très-actif datent déjà de loin; mais ces tentatives n'ont eu jusqu'à présent que des proportions assez restreintes. Telles qu'elles sont toutefois, elles suffisent pour avoir amené cette question à l'état d'expériences constatées et non plus d'essais douteux. On peut étudier utilement ce passé, pour négliger ou éviter ce que les épreuves antérieures condamnent; pour conserver ou suivre ce qui a été consacré par le succès.

M. le maréchal Clauzel, dont les idées hardies sur l'Afrique ont été fréquemment délaissées et toujours reprises, est le premier qui ait mis à exécution la pensée de puiser, dans la population algérienne, des ressources en soldats et des moyens puissants d'action sur le pays soumis et à soumettre.

Cet acclimatement vers nos usages militaires, ce genre de naturalisation d'une espèce nouvelle dans le terroir de l'armée de France, cette greffe sur sauvageon serait une culture très-féconde, s'il en faut juger par les fruits que des essais étroits ont donnés.

Le premier corps ainsi créé furent les zouaves. Qu'est-ce que ce nom ne rappelle pas? Durant dix ans, partout où il s'est engagé quelque chose de difficile et de dangereux, ils y étaient. C'est presque un titre à l'estime d'en avoir fait partie. Ces deux minces bataillons, promptement réunis en un seul, se sont multipliés par le mouvement, sinon par la masse, sur toute la face de l'Algérie. On pourrait retrouver une trace, sans doute incomplète, de ce que ce corps a fait dans la liste des récompenses qui lui ont été accordées : des capitaines et des officiers de son premier âge il est sorti deux officiers généraux dont le nom a obtenu une célébrité populaire, MM. Duvivier et de la Moricière, cinq colonels, quatre lieutenants-colonels et des chefs de bataillon au nombre de douze.

Ce qu'il a été répandu de sang par des soldats obscurs et la plupart indigènes pour faire croître chacun des grains de ces épaulettes, je n'en parle pas.

Quatre des capitaines de la formation se sont fait tuer en braves, contribuant ainsi, au prix de leur vie, à payer l'avancement de leurs frères d'armes.

Presque tous les sous-officiers de cette époque sont ou tombés noblement ou capitaines au moins; un d'eux est chef de bataillon et chef de corps. J'en omets sans doute, n'ayant ici que ma mémoire à consulter.

Cette récapitulation des bénéfices semble fort alléchante aujourd'hui ; mais à l'origine, l'entreprise ne s'offrait pas sous un jour aussi attrayant.

C'était en 1831. On ne connaissait alors des Arabes que leur barbarie, leurs actes de cruauté, leur manque de foi proverbial, leur fanatisme éprouvé.

Il était permis d'hésiter; il était permis de redouter les nombreux périls dont une telle combinaison semblait pleine ; cela était si permis, qu'ils paraissent encore redoutables à présent même, sans quoi je n'aurais pas la peine d'écrire ces lignes.

On croyait donc que se placer au milieu de ce rassemblement de sauvages pour les commander et les discipliner, c'était se livrer à l'appétit d'une bête féroce : qu'avait-on de plus probable à en attendre que la révolte et la trahison ? Il semblait qu'à la première occasion où ils seraient menés à l'ennemi, ennemi composé de leurs frères et par le sang et par la religion, leur début ne pouvait être que de tourner les armes contre leurs officiers, ou tout au moins de les abandonner au plus chaud du danger.

Voilà quelles étaient les prévisions généralement admises; et elles sont encore si concevables, qu'on ne refusera pas de me croire si j'affirme qu'il se présentait fort peu d'officiers pour participer à cette formation étrange. Cela mettait, il est vrai, à l'abri de faire de mauvais choix; les timides se trouvant suffisamment détournés par la nature de l'entreprise. Mais il ne s'agissait pas seulement de ne pas faire de choix médiocres, il fallait pouvoir en faire de bons. On offrit l'amorce convenable. En renfermant pour l'avenir l'avancement dans les limites du corps, on accorda tout d'abord un grade en sus aux officiers qui voulurent prendre place dans ces rangs exposés. A ce prix, les âmes de bonne trempe qui sentaient fermenter en elles le plus de résolution, d'audace ambitieuse et d'esprit aventureux, acceptèrent les chances de cet avenir. J'appuie sur ces détails, parce que ce sont des jalons. C'est par ces épreuves, c'est à travers ces deux cribles, l'un, le péril de l'entreprise, l'autre, la nature des récompenses offertes, que se tamisa la composition du corps d'officiers des zouaves. C'est sous cette forme peu usitée d'examen au concours qu'il ne s'y trouva admis que des officiers véritablement d'élite, tous très-jeunes (l'avancement immédiat d'un grade y aidait encore), dédaigneux de toute crainte, imperturbables dans leurs volontés, impatients de parvenir, enfin à tous égards du plus haut appétit.

De l'excellente et très-jeune composition du cadre d'officiers sortirent directement et inévitablement l'excellence des résultats obtenus, et la noble renommée à laquelle le corps s'éleva très-promptement pour n'en plus redescendre.

Les conditions qui avaient été faites furent tenues, et si bien tenues, qu'un officier qui n'était que sous-lieutenant de voltigeurs, porté pour l'avancement, il est vrai, mais dont la nomination de lieutenant n'était pas encore arrivée, fut compris dans l'organisation comme capitaine. C'est aujourd'hui un des braves colonels de l'armée.

J'insiste sur ces précédents, et je demande qu'on s'en souvienne, parce que j'aurai à les remettre en mémoire quand j'en viendrai à l'application de ce qu'on peut appeler les voies et moyens.

Il n'est point utile de tracer l'historique du corps des zouaves. Sa vie militaire est écrite dans tous les bulletins. Les inquiétantes prévisions qui avaient entouré sa naissance ne se réalisèrent jamais. Cette troupe se montra tout à la fois obéissante, facile à instruire, fidèle au suprême degré dans le danger, et d'une éclatante valeur. Par une mesure de prudence, on l'avait mélangée de soldats français dans une certaine proportion. Ces nationaux transmirent, sans aucun doute, beaucoup de leurs bonnes qualités aux indigènes et leur en empruntèrent quelques-unes; l'entraînement de la rivalité dans les marches leur fit acquérir une vitesse d'allure inconcevable. En fait de bravoure, l'émulation ne pouvait qu'être égale de part et d'autre.

Ce mélange des deux peuples dans les mêmes rangs avait donc un bon côté, je ne le nie pas; je ne décide pas s'il fut ou non nécessaire à cette époque, je ne prétends point qu'il ait été sans utilité à certains égards; mais je ne puis pas omettre non plus qu'il portait aussi en lui un vice radical. Je suis assez embarrassé pour donner par le menu ces indications; mais il me sera pardonné de tomber dans la grossièreté sur un sujet qui n'en peut être exempt. Ainsi la nourriture au même ordinaire, à la même gamelle, avait de très-graves inconvénients; ils n'étaient pas les seuls. On sait bien que le Français est avantageux, qu'il aime assez à se poser en vainqueur; d'un autre côté, les Arabes sont fiers et gardent de la dignité jusque dans les plus basses classes; ils souffrent péniblement qu'on leur rappelle trop souvent qu'ils sont la nation battue. On sait aussi que nos soldats sont goguenards, et ne ménagent guère les malices parfois brutales à des recrues, ne vinssent-elles que de Quimper ou de Falaise; à plus forte raison si elles sont de toutes les couleurs jusqu'au noir-zain. On pense bien que le cathéchisme des plaisanteries saugrenues sur la religion, sur Mahomet, sur les viandes défendues, sur le vin, sur les femmes, sur tout enfin, était inépuisable, et que le mot d'*Arabe* n'allait pas souvent sans l'escorte de quelque épithète de caserne : les plus énergiques étaient les plus habituelles. Il aurait bien pu arriver même quelque fois qu'une bourrade terminât l'entretien; les hommes gradés avaient assurément l'ordre d'empêcher ces étourderies d'aller trop loin; mais peut-on supposer qu'ils fussent eux-mêmes parfaitement exempts de toute prédilection pour des camarades de France? Il y avait encore d'autres inconvénients que je ne puis me décider à exprimer. De toutes ces causes, qu'on ne s'y trompe pas, résulta une maladie qui fut la plaie incurable des zouaves; j'ai eu le loisir de l'étudier et je la connais bien, mais je ne lui sais pas de traitement. Ce mal contagieux, qui n'affligea pas moins et par le même motif de composition mi-partie le régiment des spahis d'Alger, était la désertion incessante des indigènes; désertions qui faisaient disparaître avec l'homme ses vêtements et souvent ses armes, ou dans la cavalerie son cheval, et qui furent nécessairement suivies d'abord de la difficulté, puis de l'impossibilité totale de recruter.

Ce fait est de la même nature que celui que j'ai accusé entre la population colonisante et la population naturelle. On ne peut pas les enfermer sur la même surface. Le frottement de l'une des deux races chasse l'autre. Ainsi en arriva-t-il des zouaves, qui devinrent complétement Français.

Ce corps n'en est certes pas devenu pour cela infidèle à ses grandes qualités; mais il a donné un démenti à la loi de sa formation ainsi qu'à son nom, et il ne peut plus, en fait d'organisation indigène, nous fournir que les indications ou conclusions suivantes :

1° Le souvenir encourageant de la docilité, de l'obéissance absolue et de la bravoure éprouvée des Arabes qui en ont fait partie.

2° L'expérience constatée que la réunion de soldats français et de soldats arabes dans les mêmes rangs est un compromis nuisible qu'il est indispensable d'éviter. Cette méthode, même en lui reconnaissant quelque utilité passagère à titre d'essai et de préparation, a fait son temps. En d'autres termes et dans le même sens, la conviction acquise pour nous qu'il n'y a point à se promettre les services militaires d'indigènes nombreux et persévérants, si en dehors des devoirs du métier on ne leur maintient pas, au premier chef, la liberté entière de conscience, à l'abri de tout examen et de toute raillerie; si, dans les corps qui les reçoivent et les instruisent, mais qui n'ont pas mission de les convertir, il ne leur est pas tout à fait loisible de se priver ou non des viandes ou des boissons défendues, d'accomplir à leur gré, sans devenir la risée des soldats français, certaines abstinences pieuses, certains devoirs religieux tels que les ablutions et la prière.

Etait-ce expérience, fut-ce hasard, on évita dans les créations indigènes qui suivirent l'erreur que je viens de désapprouver. Aussi, quoique dans le principe elles eussent été bien insuffisamment, bien misérablement organisées, qu'elles aient été bien longtemps déshéritées de tout encouragement, qu'elles aient eu bien des mauvais jours à passer et bien des traverses à subir, elles ont vécu cependant par leur propre force, et n'ont même cessé jusqu'ici de s'améliorer.

Des Turcs occupaient la Casbah de Bone, et se trouvaient pressés entre la faim, les menaces du bey Achmet et une tentative habile et hardie de notre part. Ils nous regardèrent comme l'ennemi le plus miséricordieux, et se rendirent à nous en nous livrant cette petite citadelle. Par le fait soit de la capitulation elle-même, soit de la compassion qu'ils inspirèrent, ils furent constitués comme troupe française sous le commandement de quelques Arabes ou Italiens métis, et une solde leur fut allouée. Ce corps fut habituellement recruté en Turcs ou Courouglis, déserteurs des troupes régulières de Tunis, et malgré les extinctions il n'a pas diminué de nombre; mais il doit être considéré comme plus sédentaire qu'actif; les hommes en sont âgés; il s'y trouve peu d'Arabes appartenant à la race vraiment locale, et nous recueillerions peu d'enseignements à nous en occuper en détail.

Affectés à la garde habituelle de la Calle et de quelques blockhaus ou postes avancés, ils ont cependant pris part à diverses expéditions, entre autres à celle de Constantine et à une longue et vive attaque poussée jusqu'à la frontière de Tunis contre le bey Achmet, par M. le général de Galbois. Partout ils ont donné des preuves constantes d'une soumission absolue, d'une énergie infatigable et d'un hardi courage.

Ce qui avait eu lieu à la reddition de la Casbah de Bone se présenta, sur une bien plus grande échelle, lors de la prise de Constantine. Les gens de guerre de diverses races, Turcs, Courouglis ou Arabes, que le bey Achmet y avait toujours tenus pour sa défense et dont le nombre avait été considérablement augmenté pour résister aux deux siéges, se trouvaient, par sa fuite, livrés à eux-mêmes. Ces hommes, uniquement habitués aux armes, venaient ainsi de perdre, avec la faible solde et les rations que le bey leur faisait servir, tout le revenu de butin et d'exactions qui en était le supplément habituel et nécessaire. Fallait-il les laisser sans ressources, voués aux mauvaises inspirations de la misère, en proie aux tentations de leur ancien métier, assez désordonné et peu exemplaire, et peut-être même aux suggestions d'intrigues ennemies?

On regarda avec raison comme un acte de sage politique d'allouer une solde minime et seulement suffisante pour détourner cette milice, licenciée par la défaite, de s'échapper de la région de notre autorité, d'aller renouer les hostilités hors de Constantine, ou de s'abandonner au brigandage et de désoler le pays.

Réunir ainsi en un faisceau, sous notre discipline et notre surveillance de tous les instants, cette population virile, c'était déjà un important avantage. On ne peut nier que la tranquillité soudaine de cette province, le délaissement immédiat d'Achmet par le plus grand nombre de ses partisans n'en aient été en partie le résultat. Pourquoi sur d'autres points des mesures semblables n'ont-elles pas été l'objet de tous nos soins?

Des contrôles furent ouverts et se remplirent promptement. Le noyau grossissant, quelques sous-officiers et quelques officiers furent momentanément détachés de leurs régiments pour assister à des appels journaliers, constater l'effectif, et régulariser la dépense.

Cependant, à cet état, la création du corps indigène de Constantine ne possédait encore qu'une vertu négative.

C'était une soustraction de forces ennemies; ce n'était pas encore un accroissement de puissance active pour nous-mêmes. Or c'est dans ces caractères distincts et unis, c'est dans cette négation d'une part et dans cette affirmation de l'autre que consiste la double énergie des organisations indigènes bien faites, que réside l'efficacité à deux fins de leur influence trop peu appréciée, trop longtemps négligée.

On ne saurait douter que dans les hautes pensées de M. le maréchal Valée une prévoyance plus pénétrante, et qui dépassait de beaucoup les premiers motifs que nous venons d'indiquer, avait présidé à cette institution. Les bénéfices de cette prévision lucide et lointaine se sont depuis trop complétement réalisés pour qu'il soit permis de la méconnaître.

On commença bientôt de se hasarder à mettre dans les

mains de cette troupe de vieux fusils arabes, qui étaient en trop mauvais état pour nuire; on continuait en même temps à se garder de lui confier des cartouches. Elle semblait armée, rien de plus.

Après quelques mois, et à travers ces défiances, on s'aperçut cependant qu'on disposait d'hommes dociles, résignés ou oublieux du passé, imitateurs empressés et adroits de ce qu'ils voyaient pratiquer aux soldats français, sur le tout et sans conteste très-braves.

Des postes leur furent confiés; ils prirent part aux excursions; assurèrent, conjointement avec des troupes françaises, la sécurité des routes; répartis dans des tribus éloignées ils furent chargés de prêter main-forte à la levée des impôts, et se montrèrent en tout exempts de reproches, parfois dignes d'éloges.

La première année d'existence s'écoula ainsi.

Vers le mois de septembre 1838, M. le Gouverneur général améliore ou renouvelle leur armement. La prise de possession de Philippeville se préparait, et au retour d'une expédition poussée jusque sous les murs de Tiffech, vers la frontière de Tunis, le bataillon indigène va, seul, retrancher et défendre honorablement le camp d'El-Arrouch, se montrant ainsi capable de travaux auxquels on ne l'aurait pas supposé propre. A peine quelques coups de pioche ont-ils tracé l'enceinte, qu'il y est enveloppé et assailli durant trois jours sans relâche par des tribus nombreuses et aguerries. La moitié de ses hommes combat; la moitié se courbe et travaille incessamment à remuer la terre, pour se couvrir moins mal. Ce bataillon en arrive à ne plus posséder, pour toute ressource, que trois cartouches par homme, derrière des retranchements qui n'ont encore que deux pieds de relief, et il donne là des preuves d'une énergie militaire qu'on ne pouvait pas souhaiter plus calme, ni plus chaleureuse, et que le succès couronna.

A partir de cette époque, il ne cessa plus d'être en action, fut chargé de la plupart des escortes, tint garnison à El-Arrouch, occupa le camp de Smendou et la ville de Milah, prit part en hiver aux deux expéditions de Djimillah, et s'y baptisa plus d'une fois, à juste titre, du nom de Tirailleurs qui lui a été donné. Puis il revint planter le premier piquet des camps de Redjas et de Ferdjivouah. Puis, appelé à Sétif, il y est laissé en extrême avant-poste avec 150 hommes du brave 23e de ligne. Ces deux troupes rivalisent entre elles pour relever, mal sans doute, puisque c'était sans outils, mais du moins rapidement, les murailles écroulées de cette vieille forteresse romaine. Presque sans communications, les misères et les souffrances les plus graves s'y multiplient; elles trouvent le corps indigène à peu près indifférent à les supporter, ou extrêmement ingénieux à y remédier et à les vaincre. Quand il reçoit l'ordre de se retirer sur Djimillah, il enveloppe de sa protection imperturbable, sous des attaques continuelles, pendant une marche de dix-sept heures pour faire huit lieues, l'immense et pénible retraite des tribus lamentables dont il avait jusque-là garanti la sûreté, et qui vont, emmenant leurs troupeaux, leurs tentes, je ne dis pas et leurs biens, mais au contraire toute la douloureuse escorte et tout le pénible fardeau de leurs misères, se réfugier encore, dans le voisinage de leur protecteur, sur une terre moins exposée.

A peu de temps d'intervalle, les foins sont à faire dans une contrée pestilentielle sous les ruines de Summa; les Tirailleurs indigènes y sont envoyés. Ce marécage est sans pitié, et ses fièvres ne les respectent pas; mais contre eux elles perdent leur violence. Ils les tremblent, ils n'y succombent pas; pour si peu l'hôpital ne les voit point.

Les voici qui se répandent dans le pays par petites fractions, par très-faibles détachements, pour assurer la rentrée des impôts, sur les points les plus opposés et jusqu'au cœur de montagnes peu connues. Des troupes françaises ne pourraient s'y montrer que par masses imposantes; leur aspect inaccoutumé suffirait pour porter au loin en avant l'effroi et la fuite. Pour ceux-ci, à la fois soldats de France et enfants du pays, ils y pénètrent, ils y tiennent, ils y sont nourris, et n'en reviennent que quand la contribution est recueillie.

C'est à l'aide de ce genre de collecteurs qu'un revenu purement arabe, et pour l'année 1841 d'un million de francs, a commencé à pouvoir être enregistré dans les comptes de la province de Constantine, tandis que rien de semblable ne paraissait encore ailleurs.

L'expédition des Bibans s'apprête-t-elle, toute la portion disponible du corps, jusqu'à ses fiévreux et convalescents, se reporte en tête d'avant-garde à Sétif, pour y recevoir les témoignages de satisfaction de M. le Gouverneur général, pour y être honoré des regards et des bontés du prince royal, le duc d'Orléans.

« Ce que j'ai rencontré de plus remarquable en Afrique,

disait S. A. R. à ce sujet, c'est de trouver sur des ruines romaines un drapeau français défendu par des Turcs. »

Et lorsque, les voyant sans tentes, sans abri, à peine vêtus, tout à fait sans chaussures, il en avait témoigné son étonnement et son intérêt par ces mots : « Dites-moi donc comment ils peuvent faire?... » sa bienveillance gracieuse trouvait un sourire et des compliments pour cette réponse si simple : « Monseigneur, ils souffrent, mais ils ne se plaignent pas. »

Leurs courses sur ce territoire incessamment battu par eux ne se rallentissent point ; ils prennent déjà part aux rudes affaires en avant d'Aïn-Turc, ou s'élancent seuls jusqu'au fond de la plaine de la Medjana, pour assurer à notre kaliffa et à ses tribus la récolte de leurs moissons. Une troupe française triple en force n'aurait pu, en aucune manière, être aventurée jusque-là : malgré leur petit nombre, ils bivouaquent tranquillement au-dessus de Bordj-Medjana pendant tout le temps nécessaire, confiants dans leur courage, redoutés dans le pays sans y soulever beaucoup l'irritation nationale, et sûrs d'être informés exactement, par leurs relations de parents ou d'amis, de tout ce qui les menacerait.

Deux compagnies cependant étaient restées à Aïn-Turc et y soutenaient brillamment, avec le 62e de ligne, les assauts sérieux dont ce camp fut l'objet. Dans ces attaques de nuit, la redoute étant petite, et peut-être aussi parce qu'on est toujours trop disposé lors des circonstances graves à croire que ces malheureux vont trahir, ils sont placés dans les fossés extérieurs ; leurs baïonnettes y forment une première palissade au-devant des Français, dont le feu passe par-dessus leurs têtes. Lorsque dans le cœur de l'obscurité et au plus violent de l'attaque des masses impétueuses de Kabyles se ruent et se roulent jusqu'à ce fossé, les Tirailleurs indigènes ne s'en émeuvent, ni ne bougent, et les égorgent là.

En voilà assez sur l'énergie et la valeur de ce corps. S'il s'agit de la vivacité de ses mouvements, de la persévérante rapidité de ses marches, j'ai déjà raconté, dans un mémoire précédent, comment, à l'expédition des Aractas, il tint tête trois jours durant à l'allure hâtive des escadrons de spahis et du 3e régiment de chasseurs; et comment, à l'arrivée aux frontières de la province, sur l'Oued Mesquiana, devançant de plus d'une demi-journée de marche la colonne d'infanterie française qu'il précédait depuis le matin, quoique parti du même lieu en même temps qu'elle, il se trouva seul présent pour être l'appui de cette cavalerie tout à coup entièrement engagée, pour être son unique garde et celle du lieutenant général, pendant une nuit de bivouac, dans une position fort grave.

Tel est en partie ce qu'avait fait le bataillon de Tirailleurs indigène de Constantine en deux années d'existence.

Sous les pluies de l'automne, dans les boues de l'hiver, sous les plus violentes chaleurs de l'été, les postes les plus avancés, les plus pénibles ou les moins salubres avaient toujours été les siens; ni la désertion ni la mortalité ne l'avaient affligé. Il avait acquis dans de si laborieuses épreuves cette vigueur de trempe, cette confiance morale et cet endurcissement corporel qui font les excellentes troupes.

Vivant de tout, peu chargé de besoins, plein de ressources et d'industrie dans les positions incommodes, sage et soumis dans les jours peu nombreux de repos, rempli de déférence et même de soins affectueux pour ses chefs, d'une obéissance muette et absolue, robuste aux maladies, remarquable en route par l'infatigable célérité de sa marche, dans les postes par sa vigilance, devant l'ennemi par son aplomb, inébranlable à la défense, impétueux et aveugle à l'attaque, il n'était resté en rien au-dessous des prévisions militaires et politiques sous l'inspiration desquelles il avait été créé. Peut-être même les avait-il dépassées. — Si mon témoignage ne suffisait pas à cet égard, j'oserais en appeler à celui de M. le lieutenant général de Galbois, et même invoquer les souvenirs de M. le maréchal Valée.

La discipline et l'exactitude dans le service avaient été obtenues à ce degré, que les punitions n'étaient presque plus usitées.

En deux années, six hommes seulement furent traduits devant le conseil de guerre ; cinq furent pleinement acquittés ; un fut condamné à mort, pour meurtre d'un camarade. L'exécution eut lieu militairement par les soins du corps.

Les armes étaient entretenues avec un soin amoureux. La tenue seule laissait tout à désirer ; il n'existait point encore d'uniforme, et la solde fixée par la première création était reconnue véritablement insuffisante.

Dès cette époque et depuis, la plupart des améliorations désirables ont été successivement accordées, à mesure que de bons services les avaient achetées. En dernier lieu, une ordonnance d'organisation a complété définitivement l'existence du bataillon de Tirailleurs de Constantine, en même temps qu'elle constituait sur les mêmes bases deux bataillons semblables dans les provinces d'Alger et d'Oran.

Ces frères plus jeunes marcheront, sans aucun doute, dans les traces de leur aîné, qui n'a sur eux que l'avance de l'âge. Je trouverais même, dès à présent, la preuve qu'ils se montrent déjà ses rivaux, puisque je lis, dans les bulletins que M. le général Bugeaud a datés des montagnes de l'Ouaranséris, des citations très-honorables pour les Tirailleurs indigènes d'Alger, dans le récit des combats du 7 et du 10 décembre 1842, et des éloges nominatifs accordés au commandant et à quatorze officiers, sous-officiers ou soldats, tant français qu'indigènes, de ce bataillon.

Qu'on veuille bien croire qu'en m'arrêtant avec de si nombreux détails sur cet historique, je n'ai pas eu pour but de rappeler un passé qui ne saurait être d'un intérêt général, mais seulement de préciser et de faire toucher du doigt, dans l'avenir, tout ce qu'on est en droit d'attendre des troupes indigènes, tous les résultats précieux qu'il est très-facile d'en retirer. Le passé les révèle.

Arrivé là, je ne puis m'empêcher de laisser échapper le regret profond que nous n'ayons jusqu'à présent essayé cette organisation que dans une mesure extrêmement restreinte. Selon moi, et quoique l'expression soit peu élégante, c'est avoir cultivé du froment dans un vase à fleurs : la moisson n'en peut pas être encore bien productive. Mais cette expérience, si étroite qu'elle soit, suffit au moins pour montrer que le grain est de bonne qualité et qu'il ne s'agit plus que de l'ensemencer à grande culture.

C'est ce que je proposerai. La convenance de ce système et quelques détails d'application sont tout ce qui me reste à traiter dans les deux chapitres qui suivent.

CHAPITRE IX.

PARALLÈLE DES TROUPES NATIONALES ET INDIGÈNES, SOUS LE RAPPORT DU SERVICE EN ALGÉRIE.

Après avoir considéré les qualités personnelles et absolues qui appartiennent au plus haut degré aux troupes provinciales en Algérie (je demande la permission de me servir de ce terme qui rend mieux ma pensée), porterons-nous notre examen sur les avantages relatifs qu'elles présentent en vue du pays, du climat, du genre de guerre et de la rapide mobilité qu'elle exige, de la police intérieure, de la rentrée des impôts, enfin de tous les genres d'actions militaire, politique, administrative, qu'il est temps d'exercer puissamment sur cinq à six millions de sujets s'adjoignant à la nationalité française?

Le seul énoncé de ces propositions apporte le sentiment de leur vérité, et il est à peine nécessaire de les démontrer; plus d'une ont déjà rencontré quelques preuves dans le cours de cet écrit. La force de notre conviction et la crainte de négliger des considérations utiles à une thèse si grave nous engagent à rebattre encore ce sujet.

J'ai déjà dit comment le recrutement des corps provinciaux, par lui-même, indépendamment de l'emploi auquel ils se plient si bien, et fussent-ils entretenus à ne rien faire d'utile, était déjà un bienfait, un gage de calme et de pacification. J'ai montré, ou du moins j'ai tâché de montrer comment, surtout si vous choisissez bien, chaque homme que vous enrôlez, outre qu'il devient un agent à votre service, est avant tout la perte d'un homme pour l'un de vos adversaires. Je ne prétends pas dire précisément que vous enlevez cet homme à Abd-el-Kader ou à tel de ses lieutenants, quoique l'habileté en recrutement arabe doive tendre directement à ce but, et j'en offrirai quelques moyens; mais je dis que par le fait seul de sa venue à votre solde il soustrait un adhérent à la pensée dont ces chefs ne sont que le symbole, à l'esprit d'insoumission, de révolte, de turbulence, de répulsion, à la cause, si vous le voulez, de la religion et de la nationalité arabes. Eh bien! ce courage et ces deux bras en moins d'une part, en plus de l'autre, c'est-à-dire cette recrue qui se livre à vous, fait dans la balance une différence de deux courages et de quatre bras.

Quand vous levez en France dix mille hommes pour vous en servir en Algérie, premièrement vous enlevez une force représentée par 10,000 au commerce, à l'industrie ou à l'agriculture de la France, et cela est considérable; puis cette levée est bien, sans nul doute, un armement pour vous, mais elle n'occasionne pas le désarmement, la disparition d'un seul fusil dans le camp opposant.

Lorsque vous recrutez au contraire pour le même but dix mille Algériens, qui ne retranchent à la vie intérieure de la France pas un seul atome de forces, votre effectif en armes est pareil, et de plus vous créez, si le recruteur s'y est bien pris, dix mille désertions dans le camp de la résistance ou dans celui du désordre, deux fidèles alliés.— Mais cet armement vaut-il l'autre? — Mieux, répondrai-je avec conviction, quoique personne certes n'ait plus en admiration les vertus et la noble intrépidité de nos soldats de France que moi; mieux, sinon en thèse absolue, au moins pour l'usage local que nous avons à en faire.

Est-ce tout?— Pas encore. Si l'antagonisme contre lequel vous luttez pour le contenir et le dominer a été amoindri d'une portion notable de sa force, vous admettrez, je pense, que cela autorise sans inconvénient à diminuer aussi d'une part quelconque la force nécessaire pour le combattre. Cela ne peut se nier. Or il en résulte que l'accession de dix mille indigènes de bon choix, sous les drapeaux de l'armée française en Algérie, permet de réduire son effectif français, non pas seulement de dix mille (assurément je ne dis pas non plus de vingt mille), mais de quelque chose de plus que dix mille hommes : ce sera ce que vous voudrez; ce sera douze, ce sera treize mille nationaux rendus ainsi au foyer, soustraits au ravage des maladies et reprenant leur fonction productrice dans l'existence interne du pays.

Ces mots : *les ravages de la maladie*, appellent une observation. Quelques écrivains des mieux intentionnés (cela va toujours sans dire) ont laissé leur brillante imagination s'exagérer un peu la vérité. Ils ne cessent de faire résonner les expressions de *recrutement pour la mort*, *immensité des funérailles*, *grande mortalité de nos troupes*, *moissons funéraires des maladies*; *ils sèment*, à toutes leurs pages, *la mort à pleines mains dans l'armée* (1). Ce luxe de deuil,ces cyprès à profusion, cet immense linceul qui semble s'étendre sur toute l'armée, tous ces *ossements répandus çà et là, blanchis sous le soleil, et qui miroitent aux yeux du voyageur indifférent,* tout cela est-il bien vrai ? — Pas tout à fait, heureusement. Cette lugubre poésie outre-passe de beaucoup la réalité.

Il est rare que les maladies de nos soldats en Afrique soient promptement mortelles; c'est l'exception. Si lors de l'invasion du mal, l'homme n'est pas laissé forcément sous l'influence des causes perturbatrices ; s'il est, comme on n'y manque guère, porté à temps dans les hôpitaux, le traitement qu'il y reçoit se montre habituellement victorieux. Mais les rechutes, à moins de beaucoup de ménagements, sont extrêmement fréquentes; leur retour appauvrit promptement le sujet, mine sa constitution, et il succomberait probablement s'il n'était évacué sur les hôpitaux de France. Là, l'air natal lui rend d'ordinaire assez vite la santé et les forces; dans des cas trop nombreux encore cependant celles-ci sont lentes à revenir, et les congés de convalescence deviennent alors indispensables. Telle est la vérité, elle ne va pas plus loin, et c'est bien assez.

Parmi les cas sérieux, l'une des causes le plus aggravantes est la prostration morale; c'est pour cela que certains régiments, où cette disposition s'était développée au

(1) L'ALGÉRIE : *Quatorze observations* (p. 85, 86, 92, 137, et bien d'autres).

delà de ce qui est imaginable, ont été si maltraités. Que la nostalgie, la démoralisation bien prononcée soient mortelles en Afrique, il n'y a guère moyen de le nier (1).

Cette affliction d'esprit est parfaitement inconnue aux indigènes. Comment en seraient-ils atteints, vivant chez eux, voyant souvent leur famille, ne changeant rien à leurs coutumes, à leur genre d'existence qui n'est pas plus pénible comme soldats que comme paysans?

Pour les troupes françaises, et si nous restons en deçà de ces cas mortels, les causes les plus généralement déterminantes des fièvres, vraiment innombrables à leur premier degré, sont précisément tout ce qu'il y a de plus utile et de plus efficace dans la conduite de nos affaires : ce sont les marches forcées, les expéditions poussées au loin et avec célérité, les bivouacs sans examen du lieu et là où l'action militaire vous conduit, les fatigues sans considération de l'état des saisons à laquelle se plient difficilement les nécessités stratégiques; enfin la réduction ou le changement dans les aliments et les boissons, inconvénients inévitables dans les excursions un peu vives; ce sont aussi tous les travaux qui entament le sein de la terre, tels que la culture, le creusement des fossés, l'ouverture des retranchements de campagne, etc.

---

(1) Dans la première expédition de Constantine, un jeune officier de la garde nationale de Paris, de formes athlétiques, venu en amateur et pour son plaisir, ne manquant de rien, voyageant avec toutes ses aises, est mort dans une bonne calèche; l'esprit avait été frappé; il avait fait son testament, en badinant, à Bône, avant le départ.

Eh bien ! dans tout cela il n'y a rien ou presque rien qui apporte des perturbations morbides de quelque gravité pour les indigènes. Ce sont là, sous leur climat natal, toutes habitudes qui leur sont familières.

Voyez l'enfant de nos campagnes ou de nos villes qui s'affaisse et s'abat sous le poids du jour et la vivacité du pas de route; voyez l'Arabe, le Kabyle, le Biscri, le Sahari, le Nègre, tous ces éléments de recrutement indigène, s'animer et se réjouir à l'accélération d'une allure qui met le meilleur cheval au trot; Voyez-les sourire de l'ardeur du soleil comme d'une caresse.

Faut-il combattre après une marche, des deux parts vous trouvez le même courage; mais ici, en dépit de tout ce généreux cœur qui se réveille, les muscles sont harassés et raidis par la fatigue; là ils sont dégagés et dispos.

Arrive-t-on au terme de la journée, au lieu de halte et de repos, le piéton français se hâte de jeter son sac, surchargé de prévoyances et sous lequel ses vêtements ruissellent de sueur; il y pose sa tête, s'étend et s'endort, et ce sommeil lui est funeste; le fantassin arabe ramasse la première gamelle de fer-blanc venue, frappe sur le fond avec ses doigts, et les voilà qui dansent pour se délasser, comme on promène un cheval qui a couru.

Ces différences dans la disposition d'esprit, aussi bien que dans les habitudes corporelles, tiennent une place importante dans l'immense disproportion des journées d'hôpital, en nombre presque infini pour les uns, presque nul pour les autres.

J'ai commencé par repousser ce qu'il y avait de trop grandiose et de trop poétique dans l'évaluation du chiffre de la mortalité. Nous l'avons ramené à l'exactitude de la prose. Mais si nous en venons au calcul, non plus des *funérailles*, mais du nombre des malades, Oh ! alors la vérité devient fort effrayante et extrêmement douloureuse à confesser.

Nous avons gardé souvenir d'une repartie acerbe adressée à un honorable député, et qu'il nous semble avoir lue quelque part, en ces termes : « Il dit (ce député) qu'il y a vingt-cinq mille malades dans les hôpitaux ; c'est plus de trois fois au-dessus de la vérité ! Et où sont, bon Dieu, les hôpitaux en Algérie pour recevoir vingt-cinq mille malades, lors même que nous les aurions ? Avons-nous délogé les bourgeois de nos villes pour placer nos malades (1) ? » — Nous serions fort affligé de nous attirer une riposte si sévère ; mais la vérité à ses droits, son utilité, et il faut la dire.

Non, ce n'est pas vingt-cinq mille malades que fournit actuellement l'armée d'Afrique ; c'est plus.

Evitons les équivoques. Le chiffre qu'il s'agit d'établir se compose, selon nous, de tous les hommes qui font faute sous les armes, qui sont absents du rang, pour une cause quelconque de maladie. Il ne se mesure en aucune manière sur l'emplacement que peuvent ou ne peuvent pas leur offrir les principaux établissements sanitaires à Alger et toutes

---

(1) M. le général Bugeaud, lettre publiée dans le journal *le Siècle* (nº du 9 janvier 1843).

leurs succursales sur tous les points occupés. Il comprend à la fois : les hommes envoyés en France en congé de convalescence et aux eaux; les hommes évacués sur les hôpitaux hors de l'Algérie ; les hommes aux hôpitaux en Algérie; les hommes aux ambulances et aux infirmeries régimentaires ; les malades sortant des hôpitaux, guéris ou supposés tels, mais encore sous l'abattement et du mal et des remèdes, dans un état de faiblesse qui exige impérieusement, à peine de rechute immédiate, la dispense de toute espèce de service pendant un temps plus ou moins long ; c'est la période de rétablissement quelquefois plus durable que la maladie elle-même, et qui souvent se conclut par une rechute ; enfin il comprend encore les hommes que la maladie commence à envahir et qui, pendant un certain nombre de jours, languissent et traînent sous les mêmes exemptions de tout service avant d'être admis dans les hôpitaux : c'est la période d'observation, qui dans certains cas s'abrége par la mort, avant l'entrée à l'hôpital.

Toutes ces non-valeurs sont l'ensemble des non-valides.

Des renseignements précis, qu'on peut nier, parce que cela rentre dans la catégorie des cas qui sont *niables*, mais qu'on ne peut pas détruire, autorisent à affirmer formellement que le total des malades de l'armée française, en Algérie, dans l'automne 1842, et pour un effectif de quatre-vingt mille hommes, s'élevait de trente à trente et un mille. —Votre imagination se refuse à le croire. Ecoutez :

« On fournit, » ai-je entendu dire, moi, à Mgr. le duc d'Orléans, à une époque où débarquant en Afrique il trouvait sur la côte, pour premier objet de ses regards, un régiment fort de dix-sept cents hommes, dont treize cents étaient sur le flanc, mais non pas dans les hôpitaux, et qui n'en avait que quatre cents (tous nombres que mes yeux ont comptés) pour monter la garde, repousser l'ennemi et faire la tisane à leurs camarades, « on fournit, disait le duc d'Orléans, des situations de combattants au Ministre de la guerre, et je ne trouve ici qu'une armée de mourants et de malades ! »

Un député, non pas celui à qui s'adresse l'apostrophe de M. le Gouverneur général, un autre qui avait visité l'Afrique avec attention (1) publiait en mars 1840 des *Observations à la chambre des députés,* dans lesquelles on lit ce passage : « Le 21 octobre, j'ai trouvé au camp de Coléah les zouaves, au nombre de neuf cents, tous en fort bon état, et prêts au besoin à entrer en campagne; le 23 du même mois, au camp de Fondouk, j'ai trouvé le 48e régiment de ligne, qui l'occupait depuis six mois seulement; sur deux mille hommes qui formaient son effectif en arrivant, dix-sept cents étaient soit dans les hôpitaux, *soit malades au camp,* soit morts ! trois cents hommes étaient disponibles pour le service du camp et la défense du passage de l'Hamise contre les Kabyles. »

Ces faits remontent déjà à quelques années, mais ils se sont continués depuis avec la même gravité : j'en pourrais citer des exemples effrayants. Qu'il me soit permis de dire seulement que, dans l'automne 1842, les deux bataillons du 64e régiment, campé à Couba, n'ont pu présenter à la revue de leur inspecteur général, pour tout effectif, que trois cent quatre-vingt-douze malades et quatre-vingt-sept hommes bien portants !...

---

(1) M. de Loynes, député du Loiret.

L'affligeante proportion entre l'effectif total de l'armée et le nombre de ses malades a varié fréquemment, suivant les saisons, selon qu'on ménage plus ou qu'on fatigue davantage les troupes, qu'on les asseoit sur des terrains mieux ou moins bien choisis, que de plus fréquentes et de plus lointaines ou de moindres et de plus rares expéditions ont eu lieu. Dans les meilleurs temps, cette proportion a fréquemment roulé entre un cinquième et un quart. Nous la trouvons, comme nous l'avons dit plus haut, pour la fin de 1842, après des campagnes fort actives, de moins de la moitié et de plus du tiers, à très-peu près des trois huitièmes; nous l'avons vue souvent plus forte.

Assurément, et sans grossir la part de la mort, qui cependant perçoit son droit, c'est là une plaie épouvantable, hideuse, mais sur laquelle il faut oser fixer ses regards si on veut la traiter; détourner les yeux ne guérit rien, et les démentis ne sont pas des pansements.

Les troupes indigènes sont exemptes de cette calamité désespérante; le nombre de leurs malades est d'ordinaire insignifiant, et ne dépasse jamais la proportion ordinairement applicable aux troupes françaises en France, c'est-à-dire d'un vingtième.

Ainsi, d'un côté, en prenant les choses à leur état actuel, mille Français transportés en Afrique se réduisent pour le service, pour les expéditions et pour le combat à six cent vingt-cinq hommes présents et valides.

Mille indigènes, employés aux mêmes lieux et soumis aux mêmes travaux, ou à de plus durs, ne cessent pas de présenter en tout temps neuf cent cinquante combattants valides.

D'un autre côté, la dépense moyenne d'un soldat français à raison de quatre-vingt mille hommes au prix de quatre-vingts millions (je crois, à part moi, que la dépense monte plus haut; mais je consens à ne calculer que sur cette somme universellement avouée) est de mille francs par homme et par an.

Dans les troupes indigènes, l'homme moyen ne revient par an, tout compris, et en tablant au plus haut, qu'à huit cents francs (1).

---

(1) Rien de plus simple et de plus facile à établir que cette fixation.

Le soldat indigène, d'après les dernières organisations, pourvoit à tous ses besoins, sans exception aucune, au moyen d'une solde journalière de 1 fr. 25 c. Ses vivres, son habillement, tout est pris sur cette solde; soit par an.	456 fr.	25 c.	
Il lui est alloué en outre à son entrée au service, une première mise de masse individuelle de 100 fr. En ne supposant la durée du service que de deux ans, c'est par an.	50		
Total annuel pour le simple soldat. . .	506	25	
J'outre-passe toutes les proportions véritables en ajoutant moitié en sus pour la solde des officiers et hommes gradés, pour les chevrons d'ancienneté et pour quelques autres améliorations que j'ai l'intention de solliciter plus loin, soit.	253	12	5
Total de l'homme moyen. . .	759	37	5

Si maintenant on combine ces deux lois, du tarif différent pour les nationaux et les naturels et de la proportion des maladies inégale entre eux, voici ce qui en résulte :

Cinquante mille Français valides, présents pour le service et le combat, vous coûtent quatre-vingts millions ; le même nombre d'indigènes, bien organisés, valides et aptes à tout, ne coûterait que quarante-deux millions.

Ou si vous renversez la proposition, la même dépense de quatre-vingts millions de francs, qui ne vous fournit que cinquante mille nationaux valides, solderait un effectif de cent mille indigènes, présentant quatre-vingt-quinze mille combattants valides.

Ou enfin, pour réduire ces quantités imaginaires à des nombres présentement applicables et à une modification réellement possible dans notre but actuel, la fraction du budget de la France nécessaire pour tenir sous les armes, en Afrique, dix mille Français, en santé et en état d'agir, suffit pour y posséder, dans les rangs, dix-neuf mille Arabes, bien portants et prêts à l'action.

La présence de dix mille Français sains et actifs suppose six mille Français malades, languissants et mourants dans les hôpitaux, et enlève aux entrailles de la France seize mille travailleurs.

La tenue sous les armes, au profit de la métropole, de dix-neuf mille Arabes agissants ne ravit au travail de la France qu'un très-petit nombre d'individus pour en faire des officiers, et ne soumet àla fièvre que quelques-uns d'entre eux et un millier d'indigènes.

Enfin et en dernière analyse, le premier système ne retire pas à la population qu'il s'agit de soumettre un seul des hommes en armes, qu'elle nous oppose ;

La seconde supposition soustrait à la partie la plus martiale ou la plus turbulente de ce peuple vingt mille hommes habitués aux armes, qu'elle range sous notre commandement immédiat, sous la surveillance et sous l'action journalière de notre discipline ; qu'elle familiarise, par la méthode assurément de toutes la plus efficace et la plus assimilante, avec nos lois, notre langue, nos usages, nos idées.

Un tel exposé ne s'assoit pas sur des rêveries systématiques, ni sur des déclamations de rhéteur, mais sur des faits matériels et patents. On peut le retourner sous toutes ses faces, et on le trouvera vrai sur chacune d'elles. Il est concluant, et cependant je ne touche là que les considérations capitales ; il en reste beaucoup d'autres que je ne fais pas résonner.

Je n'ai pas tenu compte de la mortalité. Je ne veux pas la représenter comme un gouffre béant qui aspire l'armée ; mais au total elle ne néglige pas de se faire acquitter une dîme sévère.

Je n'ai parlé que des malades ; je n'ai rien dit des valides non-combattants, classe très-nombreuse pour l'armée française, et qu'il faudrait encore déduire. Cette catégorie se compose du train des équipages, de l'armée des vivriers, du personnel des hôpitaux, etc., etc. Tout cela compte à l'effectif et pour la solde, rien de tout cela ne fournit de baïonnettes. Presque tout cela disparaît entièrement pour des troupes indigènes; pour elles tout ce qui compte à l'effectif est combattant. Elles n'ont pas besoin d'énormes approvisionnements et de vastes magasins; elles n'ont nul besoin d'immenses transports de subsistances; elles répudient cet attirail allourdissant de charretiers, de muletiers, de mulets, de chevaux et de prolonges; elles vivent dans le pays de ce que le pays fournit. Il ne leur faut pour cela ni agents comptables et leurs pareils, ces traitants avides qui réduisent en or la faim et la santé des soldats, ni brigades d'ouvriers, ni munitionnaires, ni manutentionnaires. L'administration des hôpitaux, son matériel inimaginable, son peuple d'infirmiers se réduisent pour elles à rien, d'abord par le petit nombre des malades, ensuite parce que ces malades mêmes ne vont ni ne doivent aller à l'hôpital : une tente séparée, les soins de l'officier de santé du bataillon, une cantine d'ambulance garnie de très-peu de médicaments, suffisent; il ne leur faut rien de plus. Il ne faut à ces hommes ni fournitures de literies, ni hamacs, ni baraquement, cette ressource qu'on trouve misérable et funeste pour nos troupes et qui serait de luxe pour des indigènes; encore bien moins leur faut-il de belles casernes bâties ou à bâtir. Loin d'eux ces aises amollissantes, la tente est leur seul logis, et la terre leur couche; d'enfance ils en ont l'habitude. Si par hasard il arrive qu'ils aient à tenir garnison dans des villes, ce qui doit être très-rare, ils s'y casent eux et leurs familles, à leurs frais, sans autre casernement, comme cela eut toujours lieu à Constantine et n'offrit nul inconvénient.

Croit-on que je sois au bout ? il n'en est rien. Les troupes indigènes n'ont nul besoin de compagnies hors rang, perpétuellement employées à confectionner des effets. Pour elles, dans la forme de leur administration, des marchés avec des entreprises civiles suffisent à cet entretien, et la solde que j'ai dite en couvre toute la dépense, de même qu'elle fournit à tous les achats individuels de nourriture; immense simplification!

Les troisièmes bataillons et les dépôts laissés en France par les corps en Afrique, que font-ils autre chose que pousser incontinent au travail ces compagnies hors rang et mettre des recrues au port d'armes et au pas pour une consommation intarissable? C'est là toute leur existence, et ils ont même peine à y suffire. Au lieu de cela l'Arabe incorporé aujourd'hui entre dans le rang sur l'heure, fait sa faction cette nuit aussi bien que personne, et combat demain. Il n'est pas possible de le nier, à moins d'ignorance.

A-t-on réfléchi à quoi s'élève cette différence des troisièmes bataillons, dépôts et compagnies hors rang? A moitié en sus!

C'est-à-dire qu'il est payé, en France et en Algérie, 120,000 hommes, pour avoir en Algérie 80,000 hommes sur les contrôles et 50,000 sous les armes; encore ce n'est pas un complet de 50,000 combattants, attendu ce que nous venons de dire des valides non-combattants.

Ces calculs, ces aspects de la question ne sont pas des illusions, mais des réalités, et on ne saurait les contempler en face sans une sorte d'épouvante.

CHAPITRE X.

DERNIERS ASPECTS DU MÊME SUJET.

Ne semble-t-il pas que nous ayons épuisé notre texte! Eh bien ! il reste encore à dire; mais est-il possible de tout dire en pareil sujet ?

Je n'ai indiqué que, sans m'y arrêter, la vive et profonde transformation qui s'opère dans les esprits arabes, le pli ineffaçable qu'ils contractent par le passage sous la discipline militaire dans des rangs suffisamment régularisés. On n'ignore pas combien cette école de la vie militaire, dans ses leçons de chaque jour et de chaque instant, est pour tous les hommes une institutrice irrésistible; comment elle les empreint d'une sorte d'identité; combien les habitudes de régularité, d'ordre, de devoir, de soumission, de volonté forte et résignée, dont elle les pénètre, restent persistantes; à quel point elle sait faire oublier, dans nos pays, le coq du clocher pour celui du drapeau, substituer à l'affection du petit canton le sentiment de la grande famille. Ne voyons-nous pas tous les jours combien les hommes que l'armée renvoie dans nos campagnes diffèrent de ceux qu'elle en reçoit, à ce point que le paysan qui a servi demeure en quelque sorte reconnaissable toute sa vie ? C'est cette forme souveraine d'éducation qui a contribué, plus qu'aucun autre agent, à effacer chez nous les distinctions de provinces, la diversité des idiomes, et à confondre tant de nuances, autrefois discordantes, dans la communauté du langage français et dans l'unité du sentiment national. Ce qu'elle a fait pour l'intérieur de la France, elle le peut accomplir avec un égal succès pour la province annexée. — Vos sujets d'outre-mer ne parlent pas français, semblables en cela aux Alsaciens, Flamands, bas-Bretons, Provençaux et Auvergnats; leur dialecte provincial à eux, c'est le patois algérien, qui ne laisse pas plus d'accent qu'aucun autre, peut-être moins, ceci soit dit en plus d'un sens; et leur esprit est aussi flexible que tout autre. Les modifications que la vie et la discipline militaires leur imprimeraient seront plus remarquables encore, parce qu'ils diffèrent davantage de nous, qu'ils sont plus reculés dans l'enfance sociale, et qu'il y a à les amener de plus loin pour les élever à notre niveau; c'est-à-dire que nous les prenons dans une plus jeune ignorance pour les instruire à notre école.

Ce que l'organisation militaire indigène peut à cet égard, il faudrait à la domination par des troupes françaises des siècles pour le produire.

Nous avons vu combien les essais de ce genre ont été jusqu'à présent insignifiants; et néanmoins, pour leur peu d'importance, ils ont déjà laissé beaucoup de traces. Maintes fois j'ai rencontré des Arabes, que je trouvais dès le premier abord comme à la seconde étude, différents par le maintien, la conduite, les façons d'agir, la tournure d'esprit, et qui attendaient d'avoir pu me rendre quelque bon office ou montré du moins quelque bon vouloir, pour me dire : Moi Français! moi Zouave !.. Si je les pressais bien de questions, j'apprenais souvent, je l'avoue, qu'ils avaient été déserteurs; mais encore aimaient-ils mieux le confesser tout bas que de ne pas se vanter tout haut d'avoir servi. L'effet du baptême matriculaire avait très-visiblement survécu chez eux à la libération après un court service, ou même à la désertion. Croit-on que ces hommes soient méprisés ou repoussés parmi les leurs? point; ils sont plus estimés que les autres, avec qui ils nous servent très-facilement de lien. On ne supposera pas que je fais ici l'éloge de la désertion; j'ai indiqué quelles en avaient été les causes, et quels sont les moyens de l'éviter.

Du reste, parmi les Arabes, où la vie de famille est si largement enracinée et si vivace, où les liens de parenté même lointaine sont si resserrés et si intimes, où l'on se dit frères pour être de la même montagne, ce n'est point à l'homme incorporé que se borne cette affiliation transmise par le service militaire. Elle se propage et s'insinue bien au delà ; elle imbibe tout ce qui touche à lui. Sève pénétrante, elle remonte et redescend par des ramifications inaperçues, mais qui n'en sont pas moins réelles; par des artères qui, pour être immatérielles, n'en sont pas moins actives. Elle gagne et modifie les ascendants, les frères, les femmes, les enfants, les parents des parents et jusqu'aux proches des alliés. Tout cela s'enchaîne et s'entraîne et vient à vous. Un chef de corps a trop souvent alors les mains baisées et maintes fois mouillées de larmes par la famille entière de ses soldats pour ne pas l'apprendre, ou pour l'oublier jamais. C'est ainsi que les masses populaires se détendent, se familiarisent et se concilient à vous. C'est par là qu'à l'égarement des préjugés, à des sentiments d'effroi, de défiance, d'irritation ou de répugnance, succèdent des rapports de dépendance et plus tard d'affection. Combien de fois le Bataillon des Tirailleurs, en passant dans ses marches à portée de voix d'un village de tentes où quelques-uns de ses soldats étaient nés, a-t-il vu non pas seulement leurs proches, mais tout le village s'émouvoir, et descendre sur la route avec les vieillards et jusqu'aux jeunes enfants? Les pauvres apportaient des jarres d'eau, les gens aisés des vases de lait ou des outres de lait aigre, non pour en offrir seulement à leurs parents et aux amis de ceux-ci, mais à quiconque marchait dans les mêmes rangs, à commencer par l'officier français. Si on y eût manqué, un des soldats lui aurait présenté le vase avant d'y tremper ses lèvres; ce qui eût servi de leçon.

Que se passe-t-il de pareil, sur la marche d'une troupe française?

Combien d'autres fois, et bien plus habituellement, ne fut-il pas permis à des soldats du même corps de se détourner beaucoup de la route, pour se rendre dans leurs douairs plus distants, et ne rejoindre que le lendemain? Ils y allaient avec leurs cartouches et leurs fusils; ils revenaient à la marche suivante avec leurs fusils et leurs cartouches, ayant traversé ainsi toute une contrée. Pense-t-on que cela n'ait pas de signification et de valeur? Eh bien! ce sont toutes choses que nous avons expérimentées.

Quant au principe même de ces influences convertissantes qui des soldats se communiquent et se répandent parmi les populations avec une si propice facilité, je n'ajouterai plus rien. — Que si quelqu'un connaît, pour les Arabes, une méthode d'enseignement plus incisive et plus pénétrante, un mode d'appropriation et d'assimilation plus actif et plus énergique que le service militaire à la solde de France et sous des chefs français, qu'il les propose.

Il est un sujet que je désirerais éviter, et sur lequel cependant il faut laisser s'échapper une parole. De toutes les propagandes celle qui serait, sans nul doute, la plus funeste en Afrique, c'est le prosélytisme religieux. — Le christianisme est, je l'espère, destiné à pénétrer dans ces contrées; mais il devra suivre, et ne saurait précéder. Les armes seules lui pourront ouvrir la voie. Placer son drapeau à nos avant-gardes serait tout compromettre : qu'on se le dise bien.

Les faits qui précèdent soulèveraient-ils quelque incrédulité? Je m'en inquiéterais peu, et je la combattrais par un fait plus remarquable encore. Je ne m'éloignerai pas, pour le chercher, des lieux et des hommes dont je parlais tout à l'heure.

Un détachement de 250 hommes du Bataillon de Tirailleurs de Constantine avait été poussé assez en avant, et livré à peu près à lui-même, à sa propre habileté. — Telle doit être du reste la destination habituelle de ces troupes. — Les communications en arrière étaient rares et fort difficiles; les approvisionnements extrêmement restreints. Il n'existait qu'une très-petite réserve de charbon et de biscuit, apportée coûteusement à dos de mulets; elle devait être consacrée à la portion française de ce détachement, et surtout tenue en épargne pour des circonstances plus graves que tout annonçait, et qui, d'un instant à l'autre, n'auraient plus permis à cette troupe de mettre un pied hors de son retranchement. L'état des choses défendait les excursions un peu lointaines. Tout le pays à la ronde n'offre pas un atome de bois, pas un arbrisseau, pas un jonc; les végétations les plus ligneuses y sont des tiges, encore assez rares, de chardons et de carottes sauvages. Le voisinage en fut bientôt dégarni. On utilisa ensuite un immonde et pauvre héritage, involontairement légué par le 3e régiment de chasseurs, qui avait campé durant trois semaines près de là. Ce que les chevaux avaient laissé sur l'emplacement du bivouac et ce que la sécheresse de la saison avait heureusement conservé fut recueilli et servit, tant bien que mal, à faire cuire les aliments. Ne consisteraient-ils qu'en un peu de blé bouilli, qu'en mauvaises galettes chauffées sur une tuile ou sous la cendre, encore faut-il du feu pour cela.

Quelque prudente économie qui eût été apportée dans l'administration de ces chétives ressources, elles s'épuisèrent promptement. Il fallait vivre cependant. Que fit-on? L'ordre fut donné à la nombreuse et riche tribu des Ammers, dont ce détachement protégeait la sécurité et préservait les moissons, de fournir chaque jour, et à tour de rôle pour chacun de ses douairs, quarante plats de couscoussou préparé. Tous les cheiks assemblés, après maints débats, répartirent eux-mêmes cette contribution comme ils l'entendirent, et peut-être aussi bien que pourrait le faire chez nous un conseil municipal. Chaque soir, on voyait donc arriver une procession de serviteurs, de vieilles femmes, de jeunes garçons, portant sur la tête de larges sébiles de bois remplies de cette nourriture. Ces pourvoyeurs d'étrange sorte posaient leurs vases, et s'asseyaient en rond au centre du camp; puis la distribution se faisait à tant d'hommes par plats, bientôt vidés, rendus et remportés. Ces corvées de vivres furent toujours régulières, au moins quant à la quantité, sinon quant à l'heure précise, et maintes fois apportées de deux lieues et plus de distance. Assurément ce n'étaient point les couscoussous luxueux et délicats des villes ou des gens aisés; ceux-là étaient de pâte grossière, de couleur bise et atteignant jusqu'au brun foncé, mais pourtant nourrissants et préparés avec de bonnes viandes, dont les morceaux suffisants bordaient le tour des larges écuelles. Presque toujours, quoique ceci n'eût pas été ordonné, quelques outres de lait étaient apportées en même temps, comme luxe du repas, selon l'usage de ces campagnes. Le détachement de deux cent cinquante indigènes vécut ainsi pendant plus de cinq semaines. — De telles ressources pourraient-elles être obtenues pour des troupes françaises, et celles-ci voudraient-elles s'en accommoder? A ces deux questions il n'y a qu'une seule réponse : non. Cela se passait dans une contrée où l'on casse encore, pour ne s'en pas reservir, un vase dans lequel des chrétiens auraient préparé leur soupe ; et on fit vainement alors tous les efforts possibles pour déterminer la portion française de ce détachement, alors très-malheureuse et qui se nourrissait très-misérablement, à accepter, au lieu de biscuit sec, ces aliments arabes, sinon appétissants, au moins nutritifs et sains. Les soldats français y répugnèrent obstinément; rien ne put les y décider, et je déclare qu'à cet égard aucun moyen de persuasion ne fut omis.

Je m'arrête complaisamment sur ces détails, parce qu'ils contiennent plus de preuves qu'on n'en saurait tirer des plus savantes dissertations. L'autorité du fait conclut mieux que l'éloquence des phrases. Je pense que ces récits et quelques autres qui ont précédé me dispensent de démontrer certains points de la supériorité des troupes indigènes sur les troupes françaises pour le service en Algérie; comment elles enserrent le pays dans des liens plus étroits et plus saisissants; comment elles ont un accès plus facile au sein des populations, les abordent avec des moyens aussi énergiques et plus persuasifs; trouvent, pour les soumettre et les contenir, des armes jusque dans leurs affections de parentage, dans les rapports de consanguinité et de religion, dans la communauté de l'idiome; sont en état de pénétrer jusque dans les dernières profondeurs de ses refuges; peuvent être éparses par groupes moins nombreux et plus multipliés et plus ambulants sur la face du territoire; sont seules aptes à maintenir l'intérieur des terres en bonne police et obéissance; conviennent seules pour obtenir la rentrée exacte des impôts, point important.

Avec elles, les intelligences dans le voisinage et même au loin sont fréquentes, immédiates, conclusives; les renseignements les plus précis sont toujours à la main, l'espionnage possible, les communications en tout temps faciles, les émissaires prêts à toute heure. Le premier soldat venu laisse son fusil aux faisceaux, quitte ses vêtements, revêt un bournous, et s'en va par des sentiers à lui connus, de nuit, de jour, une baguette à la main ou une besace sur l'épaule, à travers tout un pays qui ne peut le remarquer. Nous avions un certain Bach-Pallaouen, le chef des lutteurs, maintes fois employé de la sorte, dont l'habitude avant de partir était de venir à son chef recommander ses enfants s'il succombait; chaque fois qu'il fut interrogé sur ses craintes, il ajoutait : « Tant que je ne rencontrerai pas de lions la nuit, j'irai et je reviendrai. »

Tous ces genres de services sont autant de lettres closes pour des troupes françaises.

Les surprises sont difficiles pour celles-ci, aisées pour les troupes provinciales. Avec elles on sait mieux ce qu'on tente. Les affaires grandes ou petites, les opérations de tous genres reçoivent une lucidité particulière, l'attaque une clairvoyance, la défense une quiétude tout autres de la connaissance intime des terrains et de leur configuration, des chemins, des sentiers, des raccourcis, des obstacles, du nombre des populations, de leurs dispositions soit hostiles, soit indifférentes, soit favorables; du caractère de léurs chefs entreprenants ou timides, influents ou mal obéis. Même dans les régions non encore visitées par nous, elles n'ignorent pas si tel ruisseau ou tel marais va les arrêter ou les couvrir; si le lieu qu'elles tiennent a, de côté ou d'autre, des issues ou des abords favorables ou difficiles, où ils sont, ce qu'ils permettent; s'ils conseillent l'audace, la célérité, la ruse ou la fermeté; si des ravins, encore inaperçus vous gardent ou vous nuisent, et où ils cessent; si en avant ou en arrière il se trouve, même au loin, quelque position meilleure ou dangereuse qu'il convient d'atteindre ou d'éviter. Elles sauront qu'à telle distance et à tel endroit précis, il existe un passage où dix hommes en arrêteraient cent et qu'il faut s'en protéger ou le craindre; qu'il est indispensable de l'affronter, ou comment on le tourne. C'est ainsi que la prévision ou la sécurité se mettent à la place de l'incertitude et de l'hésitation. Ces avantages elles ne les gardent pas pour elles seules; elles les font partager à tout corps français qui opérerait avec elles. Si elles en reçoivent plus de solidité, elles lui rendent des lumières : éclaireurs inappréciables, elles réunissent tous les caractères des excellentes troupes d'avant-postes, d'avant-garde, d'arrière-garde.

Les habitudes d'une vie en plein air et toujours sur le qui-vive, au milieu de toutes sortes de dangers, ont doué à l'avance le soldat algérien d'une finesse et d'une vigilance très-remarquables, d'une puissance des organes de la vue supérieure de beaucoup à la nôtre, soit dans l'obscurité, soit sous l'éclat du jour. Jamais je n'ai pu parvenir à surprendre une sentinelle indigène. Les paniques leur sont inconnues; jamais de nuit une moitié de leur camp n'a fusillé l'autre, se prenant mutuellement pour des ennemis. A la clarté du jour africain, quand nos yeux, éblouis et endoloris, n'aperçoivent qu'à peine au loin un léger nuage de poussière, ils distinguent une troupe, voient si elle est de gens de pied ou de chevaux, comment elle marche, quelle direction elle suit. Lorsque nous commençons d'en entrevoir quelque chose, ils en ont compté le nombre, prévu les intentions; ils en indiquent la tribu, et reconnaissent souvent le chef qui la commande.

Non pas seulement les gens de guerre, mais tout le monde peut apprécier le mérite de ces facultés.

S'il est question des difficultés du sol où il faut agir, M. le Gouverneur général, dont nous avons cité les paroles, n'a rien exagéré. Sur un théâtre si tourmenté, n'est-il pas évident qu'il n'y a que des naturels qui puissent avoir barre sur des naturels, des montagnards sur des montagnards. En Corse, qui n'est pas l'Algerie, pour posséder une certaine action sur les gens du pays, n'a-t-il pas fallu avoir recours à des voltigeurs corses, et n'est-ce pas par cette institution qu'on est parvenu à déjouer quelques embûches, empêcher quelques méfaits, arrêter quelques coupables?

L'admirable vigueur, l'infatigable persévérance dans les marches, est une des qualités les moins contestables du fantassin algérien. Qu'on veuille bien noter que je ne qualifie pas d'excellente marcheuse une troupe qui peut courir au petit trot, avec la grâce un peu affectée des jarrets ployés et des coudes en pointe, pendant deux ou trois lieues. J'appelle bonne marcheuse l'infanterie qui est en état de faire trente lieues en quarante heures, qui arrive en ordre, sans traînards et toute prête à combattre. C'est avec un agent ainsi organisé, seulement, qu'on peut essayer d'entreprendre sur un ennemi fuyard qui fait quinze à vingt lieues en une nuit. Voilà donc ce qu'il faut chercher ou souhaiter, et voilà précisément ce que je trouve. — J'ai déjà cité quelques faits à cet égard; j'en offrirai encore un, dussé-je être accusé de redites.

On me pardonnera, je l'espère, de prendre souvent mes exemples sur les mêmes terrains. Je ne puis en aller chercher qu'où il s'en trouve; et sur trois provinces, deux présentent en général les modèles accomplis, selon moi, de ce qu'il convient d'éviter.

Un officier, qui commandait à la fois le bataillon de Constantine et le cercle de Sétif, raconte, et on peut l'en croire, que lorsque les nécessités du service l'appelaient à Constantine, il choisissait ce jour pour accorder à quelques-uns de ses soldats la permission d'y aller voir leurs familles. Il les faisait mettre en route vers une heure du matin, chacun porteur de son fusil et d'une autorisation écrite; à tous, liberté de manœuvre, faculté de marcher isolément et d'arriver au plus vite. Il partait lui-même un peu avant le jour. Comme la route par les défilés de Mons, qui était seule en notre pouvoir alors, est fort difficile, et qu'un cheval n'y peut aller presque constamment qu'au pas, il ne rejoignait les moins avancés de ses permissionnaires qu'à neuf ou dix lieues, dans le voisinage de Djimillah. A partir de là, il ne cessait de rencontrer quelqu'un des siens, tenant ses babouches dans ses mains, profitant de tous les raccourcis et sautant pieds nus de place en place, et de roche en roche, voltigeurs s'il en fut. Quoiqu'il marchât alors au trot toutes les fois que la route le permettait, il se trouvait ainsi convoyé de loin en loin, dans la partie la moins sûre de ce trajet, par quelques éclaireurs luttant souvent de vitesse avec lui. Arrivé au camp de Ma-Allah, qui est à peu près à moitié route, il s'arrêtait deux heures pour s'occuper des affaires de service de ce détachement, repaître, prendre le café, et changer de cheval. De ce point, il lui restait dix-huit lieues à faire, partagées presque également en très-mauvais et en assez bons chemins; quand il avait pu profiter de quelques lieues de bon pays, il revoyait sur les collines devant lui ses fugitifs qu'il croyait toujours pouvoir rejoindre, mais qui reprenaient de l'avance dans les mauvais pas. Le soir enfin, lorsqu'il arrivait assez fatigué pour un Français, il trouvait au pied de la montée de Constantine son détachement réuni, ayant formé les faisceaux, fait toilette à la fontaine, et l'attendant en ordre pour ne pas entrer en ville avant lui, quoique chacun de ces hommes en eût pleine liberté. Cela n'est pas arrivé une fois, mais douze ou quinze. — Il y a là-dedans deux choses : d'abord une étonnante aptitude à la marche, car de Sétif à Constantine il faut compter trente-six lieues, ou tout au moins trente deux, en admettant que certains sentiers, praticables pour les chèvres et pour ces hommes seulement, abrégent beaucoup; et d'une heure du matin à huit heures du soir il n'y a pas 20 heures. En outre, ce fait contient un témoignage de déférence bien singulier et bien éloquent de la part d'hommes grossiers, devant une ville dont les portes leur sont ouvertes et où ils vont retrouver leurs femmes et leurs enfants. Sont-ce donc là des natures bien perverses?

La vérité exige ici un aveu : c'est que pour retourner au camp de Sétif les mêmes hommes mettaient ordinairement deux jours. Le même attrait ne les stimulait plus, et peut-être aussi la durée de leur permission ne s'était-elle pas passée sans veilles et sans excès affaiblissants. Mais c'est encore dix-sept à dix-huit lieues par jour.

Arrivons à de dernières considérations.

Parmi les fautes les plus constamment funestes à notre solide domination en Algérie, il en faut compter une qui ne doit pas être attribuée à une erreur de conduite de la part de nos Gouverneurs généraux, mais aux lois de la nécessité, à la nature de la force active dont ils pouvaient disposer, à l'essence même des troupes d'occupation. Ce mal est de n'avoir jamais pu réaliser en possession constante et en organisation protectrice les soumissions obtenues quelquefois par la persuasion, habituellement par la puissance des armes. Nous avons très-souvent réussi fort bien à faire plier, ou à vaincre et à ruiner les populations locales même assez éloignées; nous avons presque toujours été hors d'état de les garder et de les couvrir. La réalité durable de leur obéissance est pourtant à ce prix. La méthode maritime de prendre possession d'une terre, au nom du roi de France, en y arborant pour quelques heures un drapeau, appuyé de quelques coups de canon, peut être fort bonne à l'égard des plages et des îles désertes, mais ne vaut rien ici. De l'inconstance de notre action sont résultées ces alternatives perpétuelles de paix promises et de guerres renaissantes; ces soumissions d'un jour, toutes sincères que je les reconnaisse au moment où elles sont faites, et ces soulèvements du lendemain; révoltes non pas seulement possibles, mais obligées, inévitables; en définitive, le spectacle décourageant d'une conquête toujours faite et perpétuellement à recommencer; chaque nouvelle scène, en elle-même fort intéressante, nous ramènant sans fin au premier acte. Le pays a le droit de se fatiguer de monter toujours une échelle qui descend incessamment; il lui est naturel de vouloir tendre vite ou lentement vers un dénouement : ce chemin n'y conduit pas. L'avenir dans cette voie ne vous promet pas davantage que le passé ne vous a tenu.

En effet n'a-t-on pas tiré des troupes nationales tout le service qu'il est possible d'en obtenir? Si vraiment; il n'y a pas à les accuser d'avoir été trop épargnées. Elles ont atteint la limite de ce qui leur est possible, si même il n'a pas été quelquefois exigé d'elles au delà de ce que la sagesse et l'humanité conseillaient peut-être. Mais toute force, même la plus héroïque, a sa mesure et sa loi. L'insuffisance, relativement au service en Algérie, de nos excellentes troupes nationales est inhérente à leur nature même, au caractère de leur composition, à leurs habitudes européennes, à la multiplicité de leurs besoins, aux exigences absolues de leur santé. Pas plus que la prudence ne vous permet de les disséminer, pas plus la sagesse ne vous autorise à les éloigner à de très-grandes distances et d'une manière permanente de leur base d'opérations, de leur centre d'approvisionnements et de ressources, des grands établissements sanitaires de la côte, des moyens d'évacuation sur France pour les malades. Dans cette condition, le stationnement des troupes métropolitaines sur la frontière du pays conquis, devant le front de toutes les populations acquises, à régir et à protéger, vous est interdit; la durée même des expéditions temporaires est limitée à un certain nombre de jours par les embarras de convois immenses et très-coûteux, par l'obligation de rapporter les malades, par les nécessités du ravitaillement. Que peut-il donc arriver autre que ce qui est toujours arrivé? C'est que vous pouvez le mal, mais ne pouvez pas le bien; c'est que vous êtes puissants pour porter assez loin le ravage et le massacre, mais que vous ne l'êtes pas pour asseoir l'organisation et maintenir l'ordre.

Que se passe-t-il devant ces colonnes, dont je ne veux plus ici examiner les souffrances et les pertes? Le voici : Devant elles, les populations ou se replient, ou se soumettent, ou résistent. Si elles se replient, elles reviennent. Si elles se soumettent volontairement, vous ne tardez pas à les abandonner à elles-mêmes dès qu'elles se sont compromises en votre faveur. Si elles combattent, il vous est d'ordinaire facile de les vaincre, et par conséquent de les réduire ou à fuir, ou à accepter vos conditions : l'une et l'autre de ces extrémités rentrent, plus les dégâts commis et les pertes éprouvées, dans l'un des deux cas précédents. Cela fait, le bulletin rédigé, daté, signé et expédié pour Paris, nos colonnes, plus ou moins maladives et dénuées, font demi-tour, et livrent de nouveau ces récents sujets de mon noble pays à tous les maux imaginables et à tous les désordres. Les partisans de la résistance, qui se sont cachés ou se sont tus, relèvent la tête, reprennent la haute voix : on chasse, on égorge, on dépossède ou on méprise les chefs investis par nous. Bientôt le féroce apôtre de la religion et de la nationalité arabes, qui s'appelle Abd-el-Kader ou de tout autre nom (1), accourt en armes, et le pays que nous venons de châtier pour le soumettre, il le châtie plus cruellement encore pour s'être soumis. Ces malheureuses populations sont vraiment bien à plaindre. Est-ce donc là acquérir et gouverner un peuple ?

Je vous dis que ce n'est que détruire et non pas édifier ; je

(1) Voyez la conquête romaine, ses difficultés et son issue ; recherchez ce que pratiquèrent Jugurtha, Tacfaninas, etc., etc.

vous dis que ce n'est que souiller périodiquement son épée dans le sang de ses propres sujets, et rien de plus.

Les seules fuites devant l'un ou l'autre des deux antagonistes sont déjà d'épouvantables désastres. Rien dans les guerres européennes, rien dans les idées françaises n'en peut fournir une image. Il faut avoir vu ces misères, il faut avoir eu soi-même l'ordre de poursuivre d'une main forcément ensanglantée ces lamentables émigrations, pour se douter de l'horreur qui les accompagne. Qui peut, dans les gracieux loisirs de nos demeures, se représenter tout un peuple se levant tout à coup, au milieu de la nuit, de la terre qu'il occupait, chargeant à la hâte ou abandonnant ses tentes, ses ustensiles de ménage, ses hardes, ses provisions ? Les malheureuses mères pliant sous le poids des fardeaux, des meules à bras nécessaires pour vivre demain, et de leurs plus jeunes enfants attachés sur leurs épaules, traînant les autres par les mains; quelques cavaliers poussant devant eux, avec de furieux cris, tout ce bétail humain dans le pêle-mêle des autres troupeaux, bêtes de somme, moutons et bœufs, et tirant des coups de pistolet et de fusil sur tout ce qui ne suit pas assez vite, pour précipiter la marche par l'épouvante. Tout cet Israël, gémissant et terrifié, s'élance, de jour, de nuit, hors des routes, à travers les fondrières, par des sommets dépourvus d'eau, ou par les roches les plus escarpées, sans repos, sans asile, semant sa trace de tout ce qui s'égare ou tombe de fatigue et de faiblesse, bêtes et gens, vieillards, faibles femmes, tout jeunes enfants. Ce déplorable cortége de toutes les douleurs se traîne ainsi hâtivement de retraite en retraite jusqu'à un dernier refuge qu'il croit inaccessible, et où il est d'ordinaire atteint le lendemain ou le jour suivant, et alors meurtri, pillé, razzié.

Si, par impossible, il se soustrait soit à nos atteintes, soit à celles du sultan arabe, notre émule et même encore notre maître en châtiments et en déprédations, toujours les populations vers lesquelles ces fugitifs se sont retirés les rançonnent et les dépouillent.

Enfin dans les expéditions qui n'ont pas tout le succès désiré, je veux dire dans celles qui ne produisent pas autant de mal qu'on se l'était promis, nos colonnes parviennent toujours sur l'emplacement des douairs abandonnés; elles détruisent, s'il se peut, les moissons sur pied; ouvrent les silos; en emportent, répandent, ou gâtent les grains, si elles ne les livrent pas au pillage plus actif de Margzen, amenés dans ce dessein. On découvre aussi dans les matamores les vases et les ustensiles de ménage ou de culture, les légers métiers à tisser les haïks et les burnous, les jougs des bœufs, les charrues en bois, tous objets fort difficiles à remplacer en Algérie; tout cela fait bouillir la marmite du soldat; tout cela fait du feu. Qu'il est agréable d'avoir trouvé du bois sec! Tels sont les encouragements que nous avons donnés jusqu'à présent à l'agriculture algérienne.

Monsieur le Gouverneur général a bien raison de dire que les Arabes ont déjà perdu plus des deux tiers de leurs biens et de leurs troupeaux, par les razzias, par les fatigues de la fuite, par les désastres des émigrations. Cela est très-vrai, je le reconnais avec lui. Mais il est bizarre que cette évaluation, qui n'a rien d'exagéré, fasse partie des *Moyens de conserver et d'utiliser l'Algérie* (p. 8, 25, etc.).

Voilà ce qui se passe journellement. A quel avenir cela

nous conduit-il? Combien faudrait-il d'années encore pour que le troisième tiers y succombât aussi?

Je sais bien ce qu'on dit pour justifier ce système barbare. On dit : Nous dominerons ainsi par la terreur. — Je le désire extrêmement, mais j'en doute fort. Je vois bien la terreur; je n'aperçois pas la domination certaine et enracinée; j'ai peine à croire qu'une fructueuse organisation et une obéissance immuable puissent naître promptement de ces dégâts intermittents.

Or, qu'on ne s'y trompe pas, cette allure torrentueuse de nos opérations, cette marche destructive au lieu d'un système créateur, ce n'est pas une erreur intellectuelle; ce n'est pas une simple faute stratégique. C'est bien pis vraiment. C'est une nécessité fatale qui résulte impérieusement de la nature même de nos moyens d'occupation, qui découle inévitablement des besoins les plus indispensables des corps français en Algérie. Si vous ne changez pas votre levier, je vous défie de modifier beaucoup votre action.

Il n'y a pas d'autres perfectionnements à ce système et pas de remède à ces maux affreux que l'emploi d'un autre agent, tout aussi énergique, mais non soumis aux mêmes besoins, qui puisse être jeté jusque dans les dernières profondeurs du pays, y être tenu à demeure et en mouvement sans obligation de retour, sans difficultés d'approvisionnements; qui puisse et sache vivre au cœur même des populations algériennes ou en avant d'elles, les couvrir d'une protection constante, les maintenir derrière son réseau dans l'obéissance et la bonne dicipline, et en exiger le travail et des impôts en échange de la sécurité qu'il leur assurera. Cet état de calme pour celles-ci leur fera peu à peu négliger d'être perpétuellement en armes, ce qui est toujours le premier pas vers l'adoucissement des mœurs, le premier degré de civilisation, et le gage le plus certain de la soumission. — Ce que j'ai dit jusqu'ici des troupes indigènes a précisé jusqu'à quel point elles conviennent à cette destination.

Quant à la fidélité qu'on peut attendre de ces troupes, elle réside dans le caractère même et dans les proportions d'une organisation dont je serais prêt à présenter le tableau s'il était demandé; et sous cette forme, dans les sages limites de cette combinaison, elle m'offre une telle évidence, que je ne prends pas même ici la peine de discuter. Que ceux qui ne seraient pas de cet avis se supposent chargés d'entraîner les régiments de Cipayes de l'Inde à tourner leurs armes contre le gouvernement anglo-indien; qu'ils imaginent comment ils s'y prendraient, et comment ils seraient reçus; au sortir de cette méditation consciencieuse, j'accepterai leurs convictions.

Comme je veux tout dire, aussi bien ce qui nuit que ce qui est favorable à la cause que je plaide, sans autre conseiller que la vérité, je ferai ici l'aveu que les troupes indigènes sont sur un point frappées d'incapacité. Elles ne sont bonnes à rien, ou presque à rien, par les froids très-rigoureux et surtout par les neiges. Il faut alors les laisser au repos. Chaque fois que, faute de réflexion ou d'expérience, on a commis l'erreur de les mener en expédition dans de telles conditions atmosphériques, on n'en a obtenu que des services très-médiocres ou nuls. On dit même qu'un bataillon indigène, très-jeune d'organisation il est vrai, s'est fait en pareil cas une sorte de déshonneur. Le soldat arabe éprouve dans ces circonstances la même torpeur et la même débilité que ressentent les soldats français dans les extrêmes chaleurs et sous le vent du désert. A chaque outil son usage. Mais il faut remarquer que les très-grands froids sont rares en Afrique, et que pendant leur courte durée l'ennemi est semblablement annulé; tandis qu'il ne l'est pas dans les grandes chaleurs, plus fréquentes et plus durables.

Pour en finir avec la thèse générale, il resterait encore deux considérations, que je ne présenterai ici qu'à titre d'aperçus subsidiaires, parce que leur importance appartient à des termes un peu plus reculés dans l'avenir. — L'organisation du peuple algérien pour lui-même et par lui-même, au moyen d'une force algérienne sous le commandement de chefs français, résoudrait toute appréhension pour cette province, en cas de guerre européenne. Du moment où vous y posséderez une armée indigène, suffisante, bien tenue et à qui le sol sur lequel elle marche suffit, ce pays devient presque inattaquable, ou tout au moins de meilleure défense et de moins facile attaque que la majeure partie du littoral de la France elle-même.

L'autre prévision a plus de portée encore. — Dans la disposition belliqueuse qui est le trait le plus marqué du peuple algérien, dans l'état de sauvagerie énergique où il se maintiendra encore pendant de très-longues années, le recrutement y est pour ainsi dire sans limites. On y lèverait facilement, dès qu'on voudra, un soldat sur 15 ou 20 âmes; c'est-à-dire qu'il est possible d'y mettre, presque en un instant, debout en armes deux ou trois cent mille hommes. L'Algérie vous offre donc ce que, dans leur jeunesse, les Gaules ont fourni à Rome. Quand le jour sera venu, qui n'est pas loin si on veut, où il dépendra de la France de faire précéder ses armées de ligne et de réserve de ces hordes affamées de guerre et de pillage, de ces rapides caterves des partisans les plus formidables qu'il y ait au monde ; quand il suffira d'un acte de sa volonté pour verser devant elle, sur la face de l'Europe, cette vague furieuse et dévastatrice, qui pourra dire que nous sommes sans alliés, et quelle nation n'y penserait pas très-longtemps avant d'oser offenser la France?

Avec de tels avenirs devant les yeux, les sacrifices même les plus larges ne se trouvent être qu'une habile et profitable spéculation.

Arrêtons-nous maintenant. Nous avons parcouru en entier le plan que nous nous étions tracé; il ne nous resterait plus qu'à annexer ici, sous forme de projet, le tableau même de l'organisation des corps et de la composition des compagnies, les règles et les procédés divers du recrutement indigène, la combinaison et les proportions de l'ingrédient français, en chefs, officiers et sous-officiers, le tarif des allocations pécuniaires, les détails de l'armement et de l'équipement, les convenances et les devis de l'habillement, les formes et les exceptions de la discipline, les préceptes de l'instruction, le programme des écoles, soit régimentaires, soit spéciales, le tracé de la répartition et de l'emplacement, etc. Mais ces considérations, plus dogmatiques que spéculatives, solliciteraient fort peu l'intérêt du lecteur; elles ont un caractère en quelque sorte confidentiel, et seraient plutôt de nature à être mises directement sous les yeux de monsieur le ministre de la guerre, s'il jugeait à propos de les désirer. — Nous nous réservons soit de les lui soumettre, soit de les taire entièrement, soit de les publier dans un nouvel opuscule, selon que le temps et le progrès des esprits nous le feront juger opportun.

FIN.

TABLE DES MATIÈRES.

Pages.

CHAPITRE PREMIER.

Considérations préliminaires. — Nature du peuple algérien. . 1

CHAPITRE II.

Origine et caractère du système de colonisation en Algérie. . 9

CHAPITRE III.

Résultats pratiques de la colonisation, tels qu'ils se sont produits jusqu'à ce jour. — Examen de ceux à venir. 13

CHAPITRE IV.

Objections. — Exceptions 33

CHAPITRE V.

État actuel de la question africaine. — Revue des divers projets et utopies qu'elle a enfantés. 38

CHAPITRE VI.

Notions élémentaires du système proposé. 49

CHAPITRE VII.

Recherches historiques 69

Pages.

CHAPITRE VIII.

Echantillon d'infanterie indigène 83

CHAPITRE IX.

Parallèle des troupes nationales et indigènes, sous le rapport du service en Algérie 101

CHAPITRE X.

Derniers aspects du même sujet 116

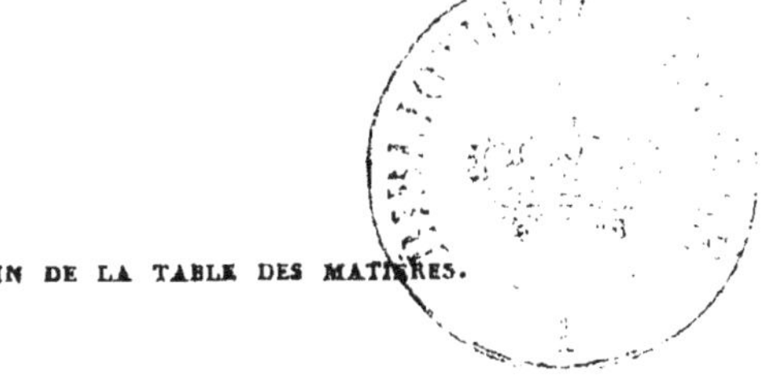

FIN DE LA TABLE DES MATIÈRES.

www.ingramcontent.com/pod-product-compliance
Ingram Content Group UK Ltd.
Pitfield, Milton Keynes, MK11 3LW, UK
UKHW012228240726
13966UKWH00003B/1004